Hi Get!

2진법영어 기본동사 01

2진법영어사

초판 발행일	2007년 8월 27일
지은이	이상도
펴낸이	이강민
펴낸곳	2진법영어사
신 고	2003년 6월 16일 제16-3050호
주 소	서울특별시 강남구 역삼동 831 혜천빌딩 708호
전 화	02-568-5568(내선 108, 400)
팩 스	02-568-7776, 0098
이메일	johnsdl@hanmail.net

Copyright 2진법영어사 2007, Printed in Korea

값 8,000원   ISBN 978-89-954426-9-2 03740
무단 복제·전재·발췌를 절대 금합니다.

홈페이지   www.englishcode.com

책 머리에

　종래 영어교육은 문법에 치중하므로 실용적인 교육이 되지 않으니 무작정 듣기를 많이 하여 영어회화에 능숙해지자는 주장이 일고 있다. 그러나 무조건 듣기만 해서 될 일이 아니다. 우리는 원어민이나 영어강사처럼 영어에만 시간을 쏟을 수 없기 때문이다. 우리에게 주어진 시간으로 영어를 정복하려면 확실한 요령이 필요하다. 그 요령이 2진법영어(BDE; Binary Digital English)이다.

　BDE는 매우 간단하여 설명할 것이 거의 없다. 문형요소를 N(체언)과 P(술언)의 두 가지로 단순화한다. 주어, 목적어, 부사어는 N에, 동사, 보어는 P에 포함시킨다. 소사는 일부 수식어가 되는 경우를 제외하고 모두 P가 되고, 전치사구는 대부분 P가 되고 나머지는 N이 된다. 이 둘을 2진법순서에 맞추어 1형부터 7형까지 문형이 만들어진다. 이들은 홀수형(1, 3, 5, 7형) 또는 짝수형 코드(2, 4, 6형)로 짝을 이루어 규칙적으로 연관된다. BDE는 최신의 문법이론에 따른 가장 완벽한 학습방법으로 문장을 쉽고 재미있고 정확하게 분석함은 물론 통째로 암기할 수 있는 장점을 갖고 있다.

　BDE 문형 중에서 기본이 되는 것은 1형 즉 기본형이다. 기본형은 어린이는 물론 어른들의 대화에서도 가장 널리 사용될 뿐 아니라 확장형인 2, 3, 4, 5, 6, 7형의 기본이 되기 때문이다. 지금까지 기본형에 대한 지식 즉 기초가 없이 영어공부를 시켜온 우리나라 영어교육의 결과가 얼마나 참담한지는 여러분이 더 잘 알 것이다.

다음으로 중요한 것은 키워드 50개이다. 단어 중에서 가장 기본이 되는 키워드 즉 소사(부사라고도 함)와 전치사의 용법에 대해 BDE가 발견되기 전에는 설명체계를 세울 수가 없었으나 지금은 간명하고 일관된 체계를 수립할 수 있게 되었다. 5,000개가 넘는 동사의 용법을 50개의 키워드를 통해 쉽게 이해할 수 있다. 일상생활에 널리 사용되는 기본동사들은 그 다음으로 중요하다.

이 책은 기본동사로서 가장 중요한 것 중 하나인 Get의 문장 유형을 총망라한 것이다. TEPS, TOEIC, TOFEL 등의 청해문제의 상당 부분이 Get 문형으로 이루어져 있다. Get의 용법만 마스터하더라도 웬만한 영어회화가 가능하다. 이 책을 통하여 Get가 각 문장재료와 결합하여 얼마나 많은 문장을 생산할 수 있는지, 즉 BDE의 파워가 얼마나 강력한지를 알게 될 것이다. BDE의 구조만 이해하면 어떤 영어 문제이든지 완벽하게 해결할 수 있다. 특히 영작이나 회화 능력 향상에 있어 절대적인 효과가 있다.

지금까지 아무리 영어공부를 많이 해도 늘지 않는 분은 이 방법을 시도하기를 권한다. 이미 많은 사람들이 엄청난 성과를 경험하고 있다. 영어를 보는 안목이 달라지고 영어의 매력에 빠지며 강한 자신감을 얻고 있다. BDE를 통해 여러분의 인생에서 대전기를 이루기를 기원한다.

2007년 8월 16일 이상도

Contents

- 책머리에   3
- 약어와 기호   6
- Get 문형   8

Part 1	형용사	17
Part 2	소사	43
Part 3	전치사구	83
Part 4	복합전치사구	143
Part 5	명사	201
Part 6	동사	229
Part 7	절	255

- 예문출처   277

약어표

N	체언(Nominal)	⇨	subject, object, adverbial
P	술언(Predicate)	⇨	verb, (be) + non-verb predicative
v	동사(verb)		
n	명사(noun) / 대명사(pronoun)		
a	형용사(adjective)		
p	소사(particle)		
pr~	전치사구(preposition phrase)		

문형 및 그 구성부분을 나타내는 기호

NP	Code 1	❶
NPN′	Code 2	❷
NPP′	Code 3	❸
NPN′N″	Code 4	❹
NPN′P′	Code 5	❺
NPP′N′	Code 6	❻
NPP′P″	Code 7	❼

‖	N(Nominal; 체언) 앞에 표시한다. 단, 문장 앞의 N은 표시를 생략한다.
│	P(Predicate; 술언) 앞에 표시한다. 단, 의미상 N과 P의 위치가 바뀌어진 경우는 「 또는 」으로 표시한다.
굵은체	구문상 중요한 단어는 굵은체로 나타낸다.
굵은체+밑선	preposition(전치사)/particle(소사)은 굵은체와 밑선으로 2중표시한다.

예

So is」 every Tom, Dick, and Harry.	P」N ❶」
I │ took ‖ the child ‖ **to** the park.	NPN′N″ ❹
It │ will bring 「**about** ‖ a good result.	NP「P′N′ 「❺′
She │ is reading ‖ a book 「**in** the room.	NPN′「P′ 「❺′

V		문장 앞에 도치된 요소가 본래 있어야 할 자리를 나타낸다.
		예 **What** do you ∣ know ∥ V ∥ <u>about</u> him? V ⇨ What
∩		문장 중에서 공유되는 요소를 가리킨다.
		예 He had **everything** 〈 his heart ∣ desired ∥ ∩〉.
		∩ = everything
[ ]		절(Clause)을 표시한다. 정형절과 비정형절을 포함한다.
[[ ]]		절이 절을 안은 경우를 표시한다
〈 〉		modifier(수식어)를 표시한다
•		part(부속어)를 표시한다.
		예 **look** • <u>about</u>, two feet • **long**
(∥)		수동문의 주어가 전치사구 목적어가 되는 경우 전치사 앞에 표시한다.
		예 I ∣ am waited (∥) **on.**
{ }		연결어를 표시한다.
		예 {and}, {but}

예문 분류 표시

예문 숫자가 적은 경우
◇ 사람 (= 사람 + 집단 · 조직 + 신체 + 정신)
◇ 사물 (= 물건 + 관념 · 활동 + 시간 + 장소 · 위치)

예문 숫자가 중간인 경우
☐ 사람   ☐ 물건   ☐ 관념 · 활동   ☐ 장소 · 위치

예문 숫자가 많은 경우
☐ 사람   ☐ 집단 · 조직   ☐ 신체   ☐ 정신
☐ 유체물   ☐ 무체물 · 기능   ☐ 형상 · 색채   ☐ 관념 · 활동
☐ 장소 · 위치   ☐ 시간

※ 유체물이라도 자체가 이동의 대상이 아니라 위치의 기준이 되는 경우에는 장소 · 위치로 분류한다.

※ 유체물이라도 자체가 이동의 대상이 아니라 그 기능을 나타내는 경우는 무체물 · 기능으로 분류한다.

※ money의 경우 화폐 자체를 가리키면 유체물, 가치를 가리키면 기능 · 무체물 또는 관념 · 활동으로 분류한다.

※ 넓은 의미의 관념은 시간을 포함한다.

prereference

Get 문형

2진법영어(BDE)

모든 문장은 'N(=Nominal) + P(=Predicate)'로 이루어진다.

주어, 목적어, 부사어를 총칭하여 체언(Nominal)이라 하고 술어, 보어(be보어 제외)를 총칭하여 술언(Predicate)이라고 한다.

❶형에 체언(목적어나 부사어)이 추가되면 ❷형이 되고, ❶형에 술언(보어)이 추가되면 ❸형이 된다. ❷형에 체언(목적어나 부사어)이 추가되면 ❹형이 되고, 술언(보어)이 추가되면 ❺형이 된다. ❸형에 체언(부사어)이 추가되면 ❻형이 되고, 술언이 추가되면 ❼형이 된다.

이를 간단한 공식으로 나타내어 보자. 위에서 체언을 N, 술언을 P로 표시하면 **모든 문장이 NP, NPN, NPP, NPNN, NPNP, NPPN, NPPP의 7개형**이 된다. 여기서 N을 0으로, P를 1로 대입하면 각 문형은 (01), (010), (011), (0100), (0101), (0110), (0111)로 순차로 전개되는데 이를 십진법으로 환산하면 ❶, ❷, ❸, ❹, ❺, ❻, ❼이 된다.

이 중에서 ❶은 기본형이고 나머지는 확장형이다. 즉 영어의 모든 문장은 ❶형을 근간으로 하여 2진법어순으로 진화해 온 것을 알 수 있다.

2진법공식에 의하면 모든 문장에 빠짐없이 문형번호를 부여하여 Code화할 수 있다. 모든 문장은 기본형으로 쪼개어 질뿐 아니라 역으로 기본형을 기초로 하여 확장형을 창출해 낼 수 있다.

7개 문형은 각각 짝을 이룬다. ❶형은 기본문형이다. 홀수문형끼리(❸형, ❺형, ❼) 또는 짝수문형끼리(❷형, ❹형, ❻형) 서로 짝을 이룬다. ❺형의 수동형은 ❸형, ❹형의 수동형은 ❷형이 된다. ❷형의 수동형은 ❶형이 된다. ❺형과 「❺형끼리 짝을 이룬다. ❸형, ❺형은 2개의 ❶형, ❼형은 3개의 ❶형으로 분해된다.(도표 참조)

2진법영어(BDE)

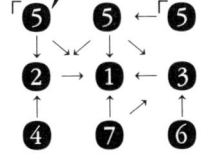

Get와 문장재료의 결합

문장재료에는 형용사(adjective), 소사(particle), 명사(noun)/대명사(pronoun), 전치사구(preposition phrase), 동사(verb, verbal), 비정형절(non-finite clause), 정형절(finite clause)이 있다. 이들 7개 재료를 a, p, n, pr~, v, nfc, fc로 표시한다. 동사는 다시 ~ed형, ~ing형, to infinitive형, ~원형, ~정형이 있는데 이들을 세분할 때에는 ~ed, ~ing, to~, ~, ~(s)로 각각 표시한다.

❶ NP(v) ⇨ N + get

❶형은 '체언(주어) + 술어(get)'의 결합으로 되어있다. 체언은 생략될 수 있다.

P(~ed) : ❶ | Ill **got**, ill spent.   부정하게 번 돈은 오래 가지 못한다.

❶ | Soon **got**, Soon gone.   쉽게 얻은 것은 쉽게 나간다.

P(~ing) : [❶] He puts all his energy into [| **getting** and spending].   그는 그의 모든 에너지를 [돈 벌기와 쓰기에] 쏟았다.

P(to~) : [❶] He told me [| to **get**].   그는 나에게 [떠나라]고 말했다.

[❶] He yelled at the dog [| to **get**].

그는 개에 향해 [꺼져라]고 소리질렀다.

P(~) : ❶ | Now **get**!   이제 떠나라!

P(~(s)) : ❶ He | has **gotten** vastly.   그는 엄청난 돈을 벌었다.

❶ Don't ask, you | don't **get**.   요구하지 않으면, 얻지 못해.

❷ NP(v)N′ ⇨ N + get + N′

❶형에 체언(목적어, 부사어)이 추가되면 ❷형이 된다. get '얻다'의 대상이 추가된 것이다.

N′(n) : ❷ Her tears | **got** ‖ me.   그녀의 눈물에 감동했다.

N′(pr~) :   ❷ The music | really **gets** ‖ to me.
            그 음악은 정말 감동적이다.

❷형에서 N′을 제거하면 불완전한 ❶형이 된다.

❸ NP(v)P′ ⇨ N + get + P′

❶형에 술언(보어, 부사어)가 추가되면 ❸형이 된다.

P′(a) :   ❸ Her hands | **got** | dirty.   그녀 손이 더럽게 되었다.
P′(p) :   ❸ He | **got** | in.   그가 들어왔다.
P′(n) :   ❸ I | **got** | home.   난 집에 도착했다.
P′(pr~) :   ❸ He | **got** | in the train.   그는 열차를 탔다.
P′(v) :   ❸ He | **got** | hurt.   그들은 부상당했다.

❸형의 get 대신에 be를 대입하면 다음과 같이 ❶형이 된다.

P(a) :   ❶ Her hands | were dirty.   그녀 손이 더러웠다.
P(p) :   ❶ He | was in.   그는 안에 있었다.
P(n) :   ❶ I | was home.   난 집에 있었다.
P(pr~) :   ❶ He | was in the train.   그는 열차 안에 있었다.
P(v) :   ❶ He | was hurt.   그들은 부상했다.

❹ NP(v)N″ ⇨ N + get + N′ + N″

❷형에 체언(목적어, 부사어)이 추가되면 ❹형이 된다.

N″(n) :   ❹ | **Get** ‖ me ‖ that book.   저 책 좀 갖다 주세요.
N″(pr~) :   ❹ | **Get** ‖ the food ‖ to the boys.
            아이들에게 음식을 날라다 주시오.

❹형에서 N″을 제거하면 의미상 불완전한 ❷형이 된다.

❺ NP(v)N′P′ ⇨ N + get + N′ + P′

❷형에 술언(보어, 부사어)이 추가되면 ❺형이 된다.

P′(a) :   ❺ She | got ‖ her hands | dirty.   그녀는 손을 더럽혔다.
P′(p) :   ❺ I | got ‖ him | in.   내가 그녀를 들어오게 했다.
P′(n) :   ❺ He | got ‖ me | home.   그가 나를 집에 데려줬다.
P′(pr~) : ❺ I | got ‖ her | in the train.   그녀를 기차 안에 태웠다.
P′(v) :   ❺ I | got ‖ him | hurt.   내가 그를 다치게 했다.

❺형의 N′를 주격으로 바꾸고 P′ 사이에 be를 추가하면 다음과 같이 ❶형이 된다.

P(a) :   ❶ Her hands | were dirty.   그녀 손이 더러웠다.
P(p) :   ❶ He | was in.   그는 안에 있었다.
P(n) :   ❶ I | was home.   난 집에 있었다.
P(pr~) : ❶ He | was in the train.   그는 열차 안에 있었다.
P(v) :   ❶ He | was hurt.   그는 부상했다.

❻ NP(v)P′N′ ⇨ N + get + P′ + N′

❸형에 체언(부사어)이 추가되면 ❻형이 된다.

N′(pr~) :   ❻ I | got | sick ‖ of this.   나는 이것이 몹시 싫어졌다.
N′(pr+v) : ❻ I | 'm getting | good ‖ at swimming.
            난 수영을 점점 잘하게 된다.

❻형의 get 대신에 be를 대입하거나 get를 제거하면 다음과 같이 ❷형이 된다.

N′(pr~) :   ❷ I | was sick ‖ of this.   나는 이것이 몹시 싫었다.
N′(pr+v) : ❷ I | 'm good ‖ at swimming.   난 수영을 잘한다.

❼ NP(v)P′P″ ⇨ N + get + P′ + P″

❸형에 술언(보어, 부사어)가 추가되면 ❼형이 된다.

P″(a) :   ❼ The door | got | pushed | open.
문이 밀려 열려지게 되었다.

P″(pr~) :   ❼ I | 'll get | busy | on it.   내가 그 일로 바쁘게 될 거야.

❼형의 get 대신에 be를 대입하면 다음과 같이 ❸형이 된다.

P′(a) :   ❸ The door | was pushed | open.   문이 밀려 열려졌다.

P″(pr~) :   ❸ I | 'll be | busy | on it.   내가 그 일로 바쁠 거야.

시간 표시 부사어의 처리

시간을 나타내는 어구가 부사어로 쓰이는 경우에는 편의상 문장의 요소에서 제외한다. ( )로 표시하여 이를 나타낼 수 있으나 그러한 표시가 없더라도 그러한 점을 참작하기 바란다. 다음의 예문을 참고한다.

[명사]

❷ How much does he | get ‖ V (a week)?
❷ How much can I | get ‖ V (a month)?
❷ They | got ‖ to New York (last week).
❸ The train | got | in (three minutes early).
❸ (What time) do you | usually get | up?
❸ I | got | up early (this morning).
❸ The train | finally got | off (an hour late).
❸ (What time) will you | get | through (today)?

[❸] Let's [| get | together with the Hills (one of these days)].
❹ The train | got ‖ him ‖ to Seoul (just before noon).
❺ I | got ‖ a call | from Meg (this morning).
❺ We |'ve got to get ‖ this book | out (next month).
⌜❺′ She | gets ‖ music lessons (twice a week) ⌜at her school.

[전치사구]

❸ We | got | home (at six).
❸ You |'ll get | there (by three o'clock).
❸ He | couldn't get | away from the office (at five).
❸ Dad | is getting | on (in years).
❹ You | have to get ‖ these books ‖ back to the library (in a week).
❺ Can you | get ‖ me | up (at six tomorrow)?

Get의 용법과 의미

영어사전에서 Get를 찾으면 많은 용법과 의미를 열거한 다음 소사와 전치사구와 결합된 유형을 숙어용법이라고 하여 엄청난 분량의 예문을 제시하고 있다.

그러나 이러한 종래의 사전식 방법으로는 Get를 정복하는데 너무나 많은 노력이 들뿐더러 효과도 없으면 일단 얻은 기억도 유지하기가 쉽지 않다.

2진법영어는 이러한 고민을 단숨에 해결한다.

Get의 다양한 의미는 각 문형 및 그 재료의 종류(사람, 물건, 관념, 장소, 시간)에 따라 '얻다' 라는 기본의미에서 당연히 유추되는 의미이므로 외울 필요도 없고 잊어버릴 염려도 없다. 다만, 영한사전의 효용은 타동사 용법과 자동사 용법의 의미상 차이를 정리한 점에서 도움을 준다. Get는 영어코드 ❶, ❸, ❻, ❼형에서 자동사 또는 수동태 용법, ❷, ❹, ❺형에서 타동사 용법으로 사용되므로 그에 해당하는 의미를 참고할 수 있다.

끝으로 get의 시제와 관련된 문제에 대해 본다.

1. 현재완료형으로 현재 소유의 의미

　❷　We│'ve got ‖ plenty of cash.　　우리는 많은 현금이 있다.

2. 과거형으로 현재 소유의 의미(구어)

　❺　They │ got ‖ a nice house │ in town.
　　　그들은 읍에 좋은 집을 갖고 있다.

3. 현재완료형으로 현재의 강한 추측, 의무, 필연의 의미(=must)

　❶　I │ have got to leave early.　　나는 일찍 떠나야 해.
　❶　I │'ve got to pass this time.　　나는 이번에는 꼭 합격해야 한다.
　❶　You │'ve got to be joking.　　넌 농담하고 있는 것이겠지.
　❶　It │'s got to be done at once.　　그것은 해야 한다.

❷ You | **'ve got to** do ‖ the dishes.   너는 설거지를 해야 해.

❷ You | **'ve got to** eat ‖ more vegetables.
당신은 야채를 더 먹어야 합니다.

❷ He | **'s got to** get ‖ <u>to</u> a doctor right away.
그는 당장 의사에게 가야한다.

❹ I | **'ve got to** write ‖ a letter ‖ <u>to</u> her.
나는 그녀에게 편지를 써야만 된다.

4. 과거형으로 현재의 의무, 필연의 의미
❹ I | **got to** git ‖ me ‖ a huntin' dog.
나는 사냥개를 사야겠다.(구어)

이하 본문에서는 Get에 관해 생길 수 있는 모든 예문을 총망라하였다. 각 예문의 코드에 따른 용법에 숙달하여 Get를 마음껏 활용하기 바란다.

PART 1
형용사 *adjective*

angry....better....busy....clean....close....cold....crazy....
dark....deep....dirty....easy....even....far....fine....first....
free....fresh....full....good....handy....hungry....important...
late....loose....lucky....mad....nervous....old....open....
pretty....ready....real....rich....right....sick....straight....
stupid....thick....thirsty....tough....upset....warm....weak....
well....wet....windy....wise....worse....wrong....young

angry

(사람)

❸ He | got | **angry**.
그는 | 되었어 | 화나게.

❺ We | got ‖ him | **angry** and the fight began.
우리가 그를 화나게 하여 싸움이 시작되었다.

❼ He | got | **angry** | with me.
그는 | 되었다 | 화를 내게 | 나에게.

기본형

❶ Saul | was very **angry**.   사울은 | 매우 화났다.(1Sam18:8)

better

(사람)

❸ I |'m getting | **better** day by day.
나는 | 지고 있다 | 나날이 좋아.

❸ He |'s getting | **better**.
그는 차차 몸이 좋아지고 있다.

❸ Lord, if he sleeps, he | will get | **better**.
주여 잠들었으면 낫겠나이다.(Jn11:12)

❺ He | got ‖ me | better, and I | got | him | **better**.
그는 날 더 좋아지게, 난 그를 더 좋아지게 했다.

기본형

❶ He | will be **better**.   그는 | 더 좋아질 거야.

(관념 · 활동)

❸ I got a bad cold, but it | 's getting | **better.**
   심한 감기에 걸렸었는데, 지금은 좋아지고 있다.

❸ His life style | hasn't gotten | any **better.**
   그의 생활 태도는 여전하다.

❸ My grades | are getting | much **better.**
   내 성적이 매우 좋아 지고 있어.

❸ From here on, it | can only get | **better.**
   지금부터는 좋아지기만 한다.

기본형

❶ It | 's better.   그게 | 더 좋아.

busy

(사람)

❸ The boss is coming. You | 'd better get | **busy.**
   사장이 오고 있어. 빨리 일을 시작하는 것이 좋을 거야.

❸ He | got | **busy.**
   그는 | 되었어 | 바쁘게.(Te493)

[❸] Let's [| get | **busy**], and get the job done.
   서둘러서 일을 끝내자.

❺ It | got ‖ me | **busy.**
   그것이 | 했다 ‖ 날 | 바쁘게.

❼ I | 'll get | **busy** | on it.
   내가 그 일을 곧 시작할 거야. ☞ on it

기본형

❶ I | am **busy** now.   나 | 지금 바빠.

clean

(사물)

❸ The room | got | **clean**.
  방이 | 되었다 | 깨끗하게.

[❺] I don't know [if I | can get ‖ it | **clean**].
  내가 그걸 깨끗이 할 수 있을지 몰라.

기본형

❶ The hotel | was spotlessly **clean**.   호텔은 | 티없이 깨끗해.(OED)

close

(사람)

❸ He is still a better tennis player, but I | 'm getting | **close**.
  그는 여전히 나보다 나은 정구선수이지만, 나도 비슷해지고 있다.

❸ The waiter | got | **close**.
  웨이터가 | 왔어 | 가까이.(Te489)

❺ That didn't work, but it | got ‖ me | **close**.
  그것은 제대로 작동하지 않았으나 가까워지게 되었다.

기본형

❶ We | were **close**.   우리들은 | 가까웠다.(Fm67)

cold

(사물)

❸ My soup | has gotten | **cold**.
   수프가 | 버렸다 | 식어.

❸ It |'s getting | **colder** and **colder**.
   날씨가 | 진다 | 점점 추워.

기본형

❶ It | was bitter **cold**. | 매섭게 추웠다.

crazy

(사람)

❸ How **crazy** can you | get | V?
   어떻게 넌 그렇게 미칠 수 있니?

❺ You | got ‖ me | **crazy**.
   넌 | 한다 ‖ 날 | 미치게.

기본형

❶ You | must be **crazy**. | 너 이상하구나!

dark

(사물)

❸ It |'s going to get | **dark** soon.
   곧 어두워지겠어요.

기본형

❶ It | 's **dark** outside.　　　바깥은 | 어둡다.

deep

(사물)

❸　The snow | got | knee · **deep**.
　　　눈은 | 되었어 | 무릎깊이가.

기본형

❶ The snow | was knee · **deep**.　눈은 | 무릎깊이였다.

dirty

(신체)

❺　She | got ‖ her hands | **dirty**.
　　그녀는 | 했다 | 그녀의 손을 | 더럽히게

[❺]　They don't like [| to get ‖ their hands | **dirty**].
　　그들은 [그들의 손을 더럽히는 것을] 좋아하지 않아.(Fm75)

(사물)

❼　My shoes | got | **dirty** | in the mud.
　　구두가 진창에서 더러워졌다. ☞ in the mud

기본형

❶ His shoes | are **dirty**.　　그의 구두는 | 더러워.

easy

(사람)

❼ He | got | <u>off</u> | **easy**.
그는 가벼운 벌을 받고 끝났다.

❼ Kids | get | bored | so **easy** nowadays.
요즈음 애들은 너무 쉽게 싫증을 내.

기본형

❶ | (Be) **Easy** now.   여유를 가져라. 걱정 마.(Zh31)
❶ I | am **easy**.   난 | 무난해.

even

(사람)

[❸] I hope [you | get | **even**].
난 [네가 평평해지기 (복수하기)] 원해.

❻ John | got | **even** ‖ with him.
존은 | 되었다 | 평평하게 ‖ 그와. *복수했다.

[❻] He vowed [| to get | **even** ‖ <u>for</u> the insult].
그는 [그 모욕에 대해 복수하기로] 맹세했다.

기본형

❶ We | 're **even**.   우리는 | 비겼어.

far

(사람)

[❸] How am I [| to get | so **far**]?
내가 어떻게 [그렇게 멀리 갈 수] 있니?(Emma7)

❸ If she | gets ‖ that **far**, Jane may get legal aid to take her case to court.
제인이 그 정도로 멀리 갔다면, 법원에 그녀의 사건을 가져갈 법률 도움이 필요할 거야.

❸ But they | will not get | very **far** ……
저희가 더 나아가지 못할 것은(2Ti3:9)

기본형

❶ How far is it?   거기 | 얼마나 머니?

fine

(사람)

❸ You |'ll get | **fine** soon.
넌 | 될 거야 | 곧 좋아지게.

❼ You |'ll get | along | **fine**.
너는 | 될 거야 | 지내게 | 괜찮게 (잘).(Fm405)

[❼] They seemed [| to be getting | along | **fine**].
그들은 [잘 지내고 있는 것] 같아.

기본형

❶ I |'m fine. I feel good.   나 | 괜찮아. 기분 좋아.(Te166)

first

(사람 · 조직)

「❺´ Which paper | would get ‖ it 「**first**.
어느 신문이 | 가지게 될까 ‖ 그것을 「첫 번째로.(Pel145)

❼ I | got | there | **first**.
내가 | 갔다 | 거기에 | 첫 번째로.(7HP743)

기본형

❶ Who | will be **first**?   누가 | 첫 번째일까?

free

(사람)

❸ He | got | **free** at last.
그는 | 되었다 | 자유롭게 결국.

[❻] How to help their child [| get | **free** ‖ of a drug problem].   자녀를 [마약문제에서 자유롭게 하도록] 돕는 방법

기본형

❶ I | 'll be **free** this afternoon.   난 | 자유로워 (틈이 나), 오늘 오후.

fresh

(사람)

❸ | Don't get | **fresh** | with me, young man!
굴지마라 | 무례하게 | 내게, 젊은이!

기본형

❶   I | Don't be **fresh**.   I | 염치없이 (버릇없이) 굴지마라.

full

(사람)

❸   I |'m getting | **full**.
음식을 양껏 먹게 되었어.

기본형

❶   I |'m full.   난 | 음식을 양껏 먹었어.

good

(사람)

❻   She | is getting | **good** ‖ at swimming.
그녀는 수영을 점점 잘하게 된다. ☞ at swimming

기본형

❶   She | is good (‖ at English).   그녀는 | 잘해 (‖ 영어를).

handy

(사물)

❺ I | got ‖ the rope | **handy**.
나는 | 가졌다 ‖ 밧줄을 | 가까이.(2LR250)

기본형

❶ The bank | is **handy**.   은행이 | 근처에 있다.

hungry

(사람)

❸ I |'m getting | **hungry**.
나는 | 지고 있어 | 배가 고파.

❸ When do you | usually get | **hungry**?
보통 언제 배가 고파요?

❸ He | gets | **hungry** and loses his strength;
주려서 기력이 진하며(Isa44:12)

기본형

❶ They | were **hungry** and thirsty, and their lives ebbed away.
주리고 목마름으로 그 영혼이 속에서 피곤하였도다.(Ps107:5)

important

(사물)

❸   It | got | **important** again.
　　그건 | 되었다 | 다시 중요하게.

[대화]

A :   〈❺〉 I |'ve got ‖ something | **important** 〈 to tell you 〉.
　　당신에게 얘기할 중요한 것이 있어요.

B :   Oh, what's it?　　그게 뭐죠?(SMV)

기본형

❶ This | is very important.　　이것은 | 매우 중요한 거야.

late

(N = 사람)

❸   We |'re getting | **late**.
　　우리는 | 지고 있어 | 늦게.

❼   We | got | in | **late** last night.
　　우리는 | 되었다 | 들게 | 늦게 간밤에.

❼   She got | home | **late**.
　　그녀는 | 되었다 | 귀가하게 | 늦게. *늦게 귀가했다.

[❼]   I'm sorry [I | got | here so **late**].
　　[나 늦게 도착하여] 죄송해요.

기본형

❶ She | was late.　　그녀는 | 늦었어.

(사물)

❸ It |'s getting | late.
늦어지고 있다.

기본형

❶ The train | was late. 　기차가 | 늦었어.

loose

(사람)

❸ The criminal | got | loose.
범인은 | 되었어 | 도망하게 (풀려나게).

기본형

❶ While he | is loose. 　그가 | 풀려있는 동안.(2LR255)

lucky

(사람)

❸ How lucky can you | get | ∨?
어떻게 넌 그렇게 행운일 수 있니?

기본형

❶ You | should be so lucky. 　넌 | 쉽지 않았을걸; 운이 좋았어.

mad

(사람)

❸   She | got | **mad**.
그녀는 | 되었다 | 화를 내게.

기본형

❶ You | shouldn't be **mad**.　　당신은 | 화내지 말아요.

nervous

(사람)

❸   I | got | **nervous**.
나는 | 되었어 | 긴장하게.

❺   She | got ‖ me | **nervous** now.
그녀가 | 한다 ‖ 날 | 지금 긴장하게.

기본형

❶ They | were **nervous**.　　그들은 | 긴장했어.(Fm41)

old

(사람)

❸   He | is getting | **old**.
그는 | 가고 있다 | 늙어.

❸   Grandpa | 's getting | **older** and **older**.
할아버지는 점점 나이가 많아진다.

기본형

❶ He |'s old.   그는 | 나이가 많아.

open

(사물)

❺ They | could get ‖ it | **open**.
그들은 | 할 수 있었어 ‖ 그걸 | 열게.(Ho230)

❼ The door | got | pushed | **open**.
문이 밀려져 열려졌다.

기본형

❶ The door | was **open**.   문이 | 열려있다.

pretty

(사람)

❸ She |'s getting | **prettier**.
그녀는 점점 예뻐지고 있다.

기본형

❶ She |'s **pretty**.   그녀는 | 예뻐.

ready

(사람)

③ | Get | **ready**; be prepared,
너는 스스로 예비하되,(Eze38:7)

③ After this, we | got | **ready** and went up to Jerusalem.
이 여러 날 후에 행장을 준비하여 예루살렘으로 올라갈 쌔.(Ac21:15)

⑤ Prepare my supper, | get ‖ yourself | **ready**.
내 먹을 것을 예비하고(Lk17:8)

⑤ Jane | is getting ‖ her children | **ready**.
제인은 아이들을 준비시키고 있다.

「⑤ | Get 「**ready** ‖ a detachment of two hundred soldiers, seventy horsemen and two hundred spearmen.
보병 이백 명과 마병 칠십 명과 창병 이백 명을 준비하라.(Ac23:23)

⑥ Who | will get | **ready** | for battle?
누가 전쟁을 예비하리오.(1Co14:8)

기본형

❶ Her children | are **ready**.   아이들은 | 준비되어 있다.

(사물)

③ Half the pleasure of an evening out | is getting | **ready**.
저녁 외출의 즐거움의 반이 이루어지고 있다.

⑤ I | must get ‖ breakfast | **ready**;
나는 아침식사 준비를 해야 해.

⑤ | Get ‖ your supplies | **ready**.
양식을 예비하라.(Jos1:11)

⑤ So he | got ‖ chariots and horses | **ready**,
그가 병거와 기병을 예비하니(1Ki1:5)

기본형

❶ Breakfast | is **ready**.　　아침식사가 | 준비됐어.

real

(사람)

❸　| Get | **real**.
　　현실적이 되어라.(꿈을 깨라).

기본형

❶ It |'s been **real**.　　| (종종 비꼬아) 정말 즐거웠습니다.

rich

(사람)

[❸]　Do not wear yourself out [| to get | **rich**]; have the wisdom to show restraint.
　　부자 되기를 애쓰지 말고 네 사사로운 지혜를 버릴 지어다.(Pr23:4)

기본형

❶ He | is 〈 as 〉 **rich** 〈 as a Jew 〉.　　그는 | 매우 돈이 많다.

right

(관념 · 활동)

❺ Now | get ‖ it | **right**.
이제 그걸 바르게 해 보아라.

기본형

❶ It | is right.   그게 | 맞다.

sick

(사람)

❸ How many times did you | get | **sick** last year?
지난해에 몇 번이나 아팠는가?

❻ I |'m getting | **sick** ‖ <u>of</u> this.
나는 이것이 몹시 싫증이 나.

기본형

❶ Are you | sick?   너 아프니?

축소형

❷ I | am sick ‖ of flattery.   나는 아첨이 질색이야.

straight

(사물)

❺ Now | get ‖ this | **straight**. You're going to fail history if you don't study.
자, 이 말 똑똑히 들어. 공부하지 않으면 넌 역사과목에서 낙제할 거야.

기본형

❶ Your tie | is not **straight**.   네 넥타이가 | 비뚤어져 있다.

stupid

(사람)

❸ You | sometimes get | so **stupid**.
넌 | 때때로 진다 | 정말 어리석어.

❸ How **stupid** can you | get | ∨?
어떻게 넌 그렇게 우둔할 수 있니?

기본형

❶ He | is so **stupid**.   그는 | 매우 어리석어.

thick

(사람)

❸ How **thick**」 can you | get | ∨?
넌 | 굴 수 있니 | 얼마나 바보처럼?(2HP214)

PART 1 - 형용사   35

기본형

❶ I│Don't be **thick**. │바보처럼 굴지마.(2HP170)

수식어

〈 〉 He is a 〈 **thick** 〉 fellow. 그는 〈 머리가 둔한 〉 친구야.(SED)

thirsty

(사람)

❸ I│get│**thirsty** very quickly.
나는 금방 목이 마른다.

❸ Sir, give me this water {so that} I│won't get│**thirsty**.
이런 물을 내게 주사 목마르지 않게 하옵소서.(Jn4:15)

기본형

❶ I│am thirsty. 내가│목마르다.(Jn19:28)

tough

(사람)

❸ │Get│**tough**!
(경기에서) 거칠게 몰아붙여라!

❼ I│'m going to get│**tough**│with you.
나는 네게 거칠게 대할 거야.

기본형

❶ He│'s tough. 그는│거칠어.

upset

(사람)

[❸]   There's no point in [| getting | **upset**].
[화낼 이유가] 없다.

❺   Her arrogance | always gets ‖ me | **upset**.
그녀의 거만함이 | 항상 한다 ‖ 날 | 화나게.

기본형

❶ I | am very **upset** now.   난 | 심기가 매우 좋지 않아, 지금

warm

(사람)

❸   Sit by the fire and you |'ll soon get **warm**.
불 옆에 앉아. 넌 | 질거야 | 따뜻해. *몸이 곧 따뜻해질 거야.

❺   This jacket | gets ‖ me | **warm**.
이 재킷은 | 해 ‖ 날 | 따뜻하게.

(사물)

❸   It |'s getting **warmer** and **warmer**.
날씨가 | 진다 | 점점 더워.

기본형

❶ It |'s **warm**.   날씨가 | 따뜻하다.

weak

(신체)

❻ Their hands | will get | too **weak** ‖ for the work,
저희 손이 피곤하여 역사를 정지하고 이루지 못하리라.(Ne6:9)

축소형

❶ He | is **weak** (‖ in grammar).   그는 | (문법에) 약하다.

well

(사람)

❸ She | soon got | **well**.
그녀는 곧 다시 건강을 회복했다.

[❸] Do you want [| to get | **well**]?
네가 낫기를 원하느냐?(Jn5:6)

[❸] I hope [you |'ll get | **well** soon].
나는 [네가 곧 | 좋아지기를] 바래.(TEPS)

기본형

❶ You | are **well** again.   네가 | 다시 나았어.(Jn5:14)

wet

(사람)

❸ We were out in the rain {and} | got | very **wet**.
우리는 비를 맞아서 매우 젖었다.

(신체)

❺ I got a cold because I | | got ‖ my feet | **wet.**
감기에 걸렸다, 내가 | 하였으므로 ‖ 발이 | 젖게.

(사물)

❺ | Don't get ‖ it | **wet.**
| 하지 마라 ‖ 그것을 | 젖게.

기본형

❶ You |'re wet.   년 | 젖었군.
❶ It |'s wet.   그건 | 젖었다.

windy

(사물)

❸ It | got | **windy** toward evening.
저녁때쯤 되어서 바람이 불었다.

기본형

❶ It | is windy today. | 바람이 분다, 오늘 날씨는.

wise

(사람)

❻ The boss | got | **wise** ‖ to us.
사장이 | 되었다 | 현명하게 ‖ 우리에게. *알아버렸다.

기본형

❶ He | is wise.   그는 | 머리가 좋다.

worse

(사람)

❸ She | is getting **worse** and **worse**.
그녀는 병세가 점점 나빠지고 있다.

❺ The rain | got ‖ me | **worse**.
비가 | 했다 | 날 | 병세가 더 나빠지게.

기본형

❶ She | was worse.　　　그녀는 | 병세가 나빴다.

(사물)

❸ It | got | **worse**.
사정이 | 되었다 | 더 나쁘게.

[대화]

A : Business is going downhill.
경영이 잘 안 되고 있어.

B : ❸ Will it | get | **worse**?
앞으로 더 나빠질까?

A : ❸ It | won't get | any **better**.
여전하겠지 뭐.(SMV)

wrong

(사람)

❺ | Don't get ‖ me | **wrong**.
| 하지 말게 ‖ 나를 | 오해 (틀렸다고).

기본형

❶ I | am **wrong**. 내가 | 틀렸어.

수식어

⟨ ⟩ I said something ⟨ **wrong** ⟩. 나는 뭔가 ⟨ 잘못 ⟩ 말했어.

young

(사람)

❸ You | 're getting | **younger** and **younger**.
당신은 점점 더 젊어지는군요.

기본형

❶ You | 're still **young**. 당신은 | 아직 젊군요.

PART 2
소사 *particle*

about....across....ahead....along....apart....around....away....back....backward(s)....behind....below....by....down....in....inside....off....on....out....outside....over....through....to....together....up....out and about....up ahead....up and around....back inside....back on....close by....back together....out from under

about

(사람)

❸　I | can hardly get | **about** anymore.
　　나는 | 거의 할 수 없다 | 더 이상 거동.

❸　My grandfather is eighty, {but} he | still gets | **about**.
　　할아버지는 80이지{만} 그는 | 아직 한다 | 근처에 거동.

[❸]　Its good to know [that he | still gets | **about**].
　　[그가 아직 거동할 수 있음]을 아는 것은 좋은 일이다.

[❸]　Considering his age, my father still manages [| to get | **about** a great deal].
　　그의 나이를 생각한다면, 내 아버지는 아직 [근처에 상당히 거동] 한다.

❸　He has recovered from his injuries {and} | is getting | **about** again.
　　그는 상처가 나아{서} 다시 근처에 거동하고 있다.

기본형

❶ I |'ll be **about** again {when} my leg heals.
　나는 | 다시 이리 저리 다닐 거야, 다리가 나을 {때}.

❶ Is your father | **about** yet?　너 아버님 여태 근처 거동 않으시니?

(관념 · 활동)

❸　How did the rumor | get | **about**?
　　어떻게 그 루머가 근처에 퍼졌니?

❸　A rumor | got | **about** [that the director had been fired].
　　부장이 해고되었다는 소문이 퍼졌다.　*[ ]은 rumor와 동격어

❸　The idea | has got | **about** [that he's dangerous].
　　[그가 위험하다]는 생각이 근처에 퍼지게 되었다.　*[ ]은 idea와 동격어

❸　It | got | **about** [that the British Center was recruiting more teachers].
　　[British Center가 교사들은 더 많이 채용하고 있다] 것이 근처에 퍼졌다.

기본형

❶ Every kind of rumor | was **about**.　갖가지 소문이 돌고 있었다.
❶ There is」 rumor | **about** [that Sandberg is at it again].
　[샌버그가 또 그런다]는 루머가 주변에 있다. *[ ]은 rumor와 동격어

across

(사람)

❸　The bridge had been destroyed, so we | could not get | **across**.
　다리가 부서졌다, 그래서 우리는 | 갈 수 없었다 | 건너.

❸　We | 've got to get | **across**.
　우린 | 가야 해 | 건너.(SW66)

[❸]　Do we have to join you [| to get | **across**]?
　[건너려면] 우리가 네 팀에 끼어야 하니?(1HP281)

❺　He | got ‖ her | **across**.
　그는 | 했다 ‖ 그녀를 | 건너게.

기본형

❶ He | 'll be soon **across**.　　그는 | 곧 건널 거야.
❶ He | was **across** already.　　그는 | 이미 건넜다.

(물건)

[❺]　Let's [| get ‖ the truck | **across** also].
　[그 트럭도 건너게 하도록] 하자.

(관념 · 활동)

❸　I spoke slowly, but my meaning | didn't get | **across**.
　천천히 얘기하였으나 내 뜻을 이해시킬 수 없었다.

❸　His message │ is getting │ **across**.
　　메시지가 │ 지고 (되고) 있다 │ 가로질러 (전달).

❺　Try as I may, I │ can't get ‖ this │ **across**.
　　내가 노력해도, 나는 이것을 이해시킬 수 없다.

❺　She │ just couldn't get ‖ it │ **across**.
　　그녀는 │ 할 수 없었다 ‖ 그것을 가로지르게 (전달되게).

「❺　He │ got 「**across** ‖ the idea.
　　그는 │ 했다 ‖ 자기 생각을 │ 전해지게.

[「❺]　It was difficult [│ to get 「**across** ‖ the basic idea].
　　[기본생각을 전달되게 하는 것]은 어려웠다.

기본형

❶　Their message │ was **across** already.
　　그들의 메시지는 │ 이미 전달되었다.

❶　Once the idea │ is **across**, go to 3 songs.
　　일단 아이디어가 이해되면, 세 노래로 가라.

ahead

(사람)

[❸]　[│ Getting │ **ahead**] is not everything in life.
　　[출세하는 것이] 인생의 전부는 아니다.

[❸]　He doesn't want [│ to get │ **ahead**]. He has no ambition.
　　그는 [성공하는 것을] 원치 않고 있다. 야심도 없다.

[❸]　She knows [how │ to get │ **ahead**].
　　그녀는 [앞서가는 (처세하는) 방법을] 알아.

❻　She │ got │ **ahead** ‖ by sheer determination.
　　그녀는 │ 되었다 │ 앞서게 ‖ 절대적인 결의로.

기본형

❶　I | 'm way <u>ahead</u>.　　　　　내가 | 앞서 있어.

(관념·활동)

❺　We | 've got ‖ a lot of work | **ahead**.
　　우리는 | 두고 있어 ‖ 많은 일을 | 앞에.

기본형

❶　A lot of work | is <u>ahead</u>.　　많은 일이 | 앞에 있어.

along

(사람)

❸　I | must be getting | **along** pretty soon.
　　나는 | 가야겠어요 | 이만 돌아.

[대화]

A :　❸　How are you | getting | **along** these days?
　　　　요즈음 어떻게 지내십니까?

B :　Couldn't be better.　아주 잘 지냅니다.(TEPS)

❸　| Get | **along**. Keep moving.
　　| 가라 | 따라. *뒤좇아라(BH48)

❸　He has opened a store {and} | is getting | **along** nicely.　그는 상점 하나 차렸는데 잘 되어가고 있다.

❸　My mother and I | get | **along** very well.
　　어머니와 나는 잘 지내고 있어.

❸　We | 'd better get | **along** now.
　　우리는 지금 함께 움직이는 것이 좋겠어.

❸　Can we | just get | **along**?
　　우리 | 할 수 있니 | 함께 지내도록?

❸   They | got | **along** quite well.
    그들은 | 되었다 | 사이좋게 지내게.

기본형

❶ My sister | was not **along**.   내 누이는 함께 가지 않았어.
❶ Why aren't you | further **along**?   우리 계속 같이 일하지 그래?

(사물)

❸ All may go well with you, {even as} your soul | is getting | **along** well.
   네 영혼이 잘 됨같이 네가 범사에 잘되기를 바란다.(3Jn1:2)

❼ Some gossip | got | passed | **along**.
   이상한 이야기가 따라 (돌아) 다니게 되었다.

기본형

❶ The bus | will be **along** (in a minute).
   버스가 | 이쪽으로 따라붙을 (올) 거야 (곧).
❶ It (= the basilisk) | could be **along** any moment.
   그것은 | 언제라도 올지 몰라.(2HP308)

apart

(사람)

❸ They do a lot of emotional damage to each other {before} they | get | **apart**.
   그들은 서로에게 많은 감정적 피해를 입혔어. 그들이 | 되기 {전} | 헤어지게.

[❺] We managed [| to get ‖ them | **apart** {and} inspect for wounds].
   우리는 그럭저럭 [| 하고 ‖ 그들을 | 떼어지게, 상처를 검사하게] 되었다.

기본형

❶ The lovers | are **apart**.   연인들은 | 헤어져 있어.

(사물)

[❺] I hate to have to break one of the bowls [| to get ‖ them | **apart**].
나는 [대접들을 떨어지게 하기 위해] 그 중 하나를 깨뜨리기가 싫어.

기본형

❶ The ledges | are far **apart**.   바위턱들은 | 멀리 떨어져 있었다.

around

(사람)

❸ I'm old {and} | can't get | **around** much.
난 늙어(서) | 다닐 수 없어 | 돌아, 많이.

❸ She | is getting | **around** again after her illness.
그녀는 병을 앓은 후 다시 걷기 시작하였다.

❸ How did you | get | **around**?
어떻게 넌 | 왔니 | 이 주변에? *어떻게 해결했니?

❸ That's a hard question. I'll ask my mother. She | gets | **around**.
그것은 어려운 문제야. 어머니에게 물어봐야겠다. 그녀는 경험이 많으니까.

❸ He claimed to be a journalist, and he | got | **around**.
그는 저널리스트라고 주장했는데, 그는 여행을 많이 다녔다.

[❸] Subways and buses make it easier [| to get | **around**].
지하철과 버스 때문에 [여기저기 다니는 것이 (교통이)] 편해졌다.

PART 2 - 소사   49

기본형

❶ I | 'm gonna be <u>around</u>.   내가 | 주변에 머무를게.

❶ I | 've been <u>around</u>.   난 | 세상사 경험이 있어.

[❶] I didn't know [that you | 're still <u>around</u>].
나는 알지 못했어 [네가 | 여태 있는지].

❶ He | will be <u>around</u> soon.   그는 | 곧 이 주변으로 올 거야.

(관념 · 활동)

❸ The news | got | **around** in a few days.
그 뉴스는 | 되었다 | 며칠 사이에 돌게.

❸ The news | got | **around** [that he was leaving the company].
[그가 회사를 그만둔다는] 소문이 | 되었다 | 돌게. *[ ]는 news와 동격어.

❸ The story [that the president was ill] | got | **around** rapidly.
[대통령이 아프다는] 이야기가 | 되었다 | 빠르게 돌게.

❸ Words | get | **around**.
소문이 | 된다 | 돌게.(Pt308)

기본형

❶ The news | is all <u>around</u>.   그 뉴스가 | 온통 퍼져있어.

---

away

(사람)

❸ | Get | **away**!
| 사라져 | 버려!

❸ You | can't get | **away**.
너는 | 갈 수 없어 | 떠나.

❸ One of the prisoners | got | **away**.
죄수 한 명이 | 말았다 | 달아나고.

❸ Have the thieves | gotten | **away**?
도둑들이 | 말았니 | 도망치고?

❸ Not one | will get | **away**, none will escape.
그 중에서 하나도 도망하지 못하고 하나도 피하지 못하리라.(Am9:1)

[❸] He tried [| to get **away**] but couldn't.
그는 [도망치려고] 했으나 실패했다.

❸ He is ⟨ too ⟩ busy ⟨ | to get | **away** ⟩.
그는 ⟨ 휴가를 떠나기에 너무 ⟩ 바쁘다.(TEPS)

❼ You | got | a bit carried | **away**.
너는 좀 지나쳐 가게 되었어. *지나쳤어.

기본형

❶ | **Away**! | 사라져라!
❶ Mr. Kim | is **away** now.   김씨는 | 지금 없어요.
❶ Arthur | was **away**.   아더는 | 떠나 있었어.

(물건)

❸ The race horses | got | **away** at once from the gate.
경주마는 | 했다 | 게이트에서 일제히 출발.

[❸] He turned over a turtle [so that it | could not get | **away**].
그는 거북을 뒤집어 놓았다 [그것이 | 못 하도록 | 사라지지].

❺ | Get ‖ it | **away**!
| 해라 ‖ 그것 | 치우도록! *그것 치워버려.

기본형

❶ When the cat | is **away**, the mice will play.   고양이가 없으면 쥐가 판을 친다.
❶ Bird | 's **away**.   미사일이 | 발사되었어.(In144)
❶ Wands | **away**.   요술지팡이 | 치워.(HP)

back

(사람)

❸ | Get | **back**!
| 오라 | 돌아! | 나라 | 물러!

❸ If you come any close, I'll scream! | Get | **back**!
가까이 온다면, 소리 지를 거야! | 해라 | 물러나도록!

[❸] I'll try [| to get | **back** before 12].
[12시전까지 돌아오도록] 애쓰겠다.

❸ When did | you get | **back**?
언제 너 | 왔니 | 돌아?

❸ What time will you | get | **back**?
당신은 몇 시에 돌아오십니까?

❸ How long will your journey take, and when will you | get | **back**? 네가 몇 날에 행할 일이며 어느 때에 돌아오겠느냐(Ne2:6)

[❸] I don't know [when Jack | 'll get | **back**].
난 [잭이 언제 돌아올 지] 몰라.

❺ | Get ‖ those people | **back**!
| 해라 ‖ 그 사람들은 | 뒤로 빠지게.(DHV136)

❺ Remember. I | 'll get ‖ you | **back** someday.
기억해라. 난 | 잡을 거야 ‖ 널 | 언젠가 되돌려. *복수하다

❺ I | got ‖ my lover | **back**.
나는 애인을 되찾았다.

⟨❺⟩ I'll find some way ⟨| to get ‖ him | **back** ⟩.
나는 ⟨ 그를 돌아오게 할 ⟩ 방법을 찾을 거야.(GWW210)

기본형

❶ "| **Back**, **back**!", cried Argon. "Turn if you can!"
"뒤로, 뒤로!" 아르곤이 외쳤다. "가능하면 돌아"!(1LR433)

❶ I | 'll be right **back**.　　　나 | 곧 돌아올게.

❶ He | is **back**.　　　그 | 돌아와 있다.

❶ The twins | were **back**.　　　쌍둥이 형제가 | 돌아왔다.(1HP98)

(신체 · 정신)

⑤ He | had not yet got ‖ his breath | **back**.
그는 | 아직 못했다 ‖ 숨을 | 돌리지.(CN387)

⑤ Hermoine | had got ‖ both her breath and bad temper | **back**.
허마니는 숨과 나쁜 성깔이 되돌아왔다.(1HP161)

기본형

- ❶ His breath | was **back**.   그는 다시 숨을 쉬었다.(1ER409)
- ❶ My memories | are **back**.   내 기억이 | 살아난다.
- ❶ His twisted smile | was **back**.   그의 심술궂은 미소가 | 돌아왔다.(3HP171)

(물건)

⑤ I | got ‖ it | **back**.
난 | 받았어 ‖ 그걸 | 돌려.(3HP250)

⑤ This woman | got ‖ her shoes | **back**.
이 여자의 구두는 돌려주었어요.(DG76)

[⑤] He says it's too difficult [| to get ‖ his book | **back**].
그는 [책을 다시 돌려받기가] 무척 어렵다고 한다.

[⑤] Lend to them without expecting [| to get ‖ anything | **back**].
[아무것도 바라지 말고] 빌리라.(Luke 6:35)

기본형

- ❶ The pistol | was **back**.   권총이 | 다시 거누어졌다.
- ❶ The hammer | was **back** {and} the safety **off**.
  (총의) 격발장치가 | 후진되(고) 안전장치가 풀려있었다.

(관념 · 활동)

⑤ I | didn't get ‖ the money | **back**.
나는 | 못했다 ‖ 그 돈을 | 돌려받지.

기본형

❶ My money | is back.   내 돈이 | 돌려졌다.

backward(s)

(사물)

[❼]   She said [you | have got ‖ it | **backward**].
그녀는 [네가 정반대로 알고 있다]고 말했다.

기본형

❶ Wasn't it | backwards?   그건 | 뒤쪽에 있지 않았니?

behind

(사람)

❸   We | got | **behind** (in our work).
우리는 | 되었어 | 뒤쳐지게 (우리 일에서) ☞ behind in~

기본형

❶ We | are behind (in our work).   우리는 | (일이) 늦어 있어.

below

(사람)

❸ | Get | **below**, Ma'am.
| 가세요 | (갑판) 아래로, 여왕폐하.(CN455)

기본형

❶ In a few second, she | had been **below**.
순식간에, 그녀는 아래에 있었다.(CN479)

b y

(사람)

❸ Excuse me, I | can't get | **by**.
실례해요, 나는 (당신) 곁을 지날 수 없군요.

[❸] Let me [| get | **by**], please.
나를 [좀 지나가게] 해주세요. *좀 지나가겠습니다.

❸ I'm a survivor. I | 'll get | **by**.
난 생존자야. 난 견디낼 거야.

❸ We | 'll get | **by** if we economize.
절약하면 우린 생존 할 수 있다.

❸ We | couldn't get | **by** because of the obstacle.
우린 장애물 때문에 지나갈 수가 없다.

❻ I | could get | **by** ǁ **with** anything.
나는 | 할 수 있어 | 헤쳐 나갈 수 ǁ 어떠한 일도.

❼ He | can get | **by** | **on** a small income.
그는 | 할 수 있어 | 견디낼 수 | 적은 수입으로.

❼ Till now I | always got | **by** | **on** my own.
지금까지 나는 항상 지내왔어 나 홀로.

[❼] It's hard [to | get | **by** | without money].
[(돈 없이) 살아가기]는 어려워.

[대화]

A : How are you doing.
어떻게 지내니?

B : ❸ I | 'm just getting | **by**.
난 그럭저럭 지내.

기본형

[❶] I happened [| to be **by**].   나는 우연히 [곁에 있게·] 되었다.
❶ Do it {when} nobody | is **by**.   아무도 | (네) 곁에 없을 때 그것을 해라.
❶ Nobody | was **by** {when} the fire broke out.
   불이 났을 {때} 아무도 | 옆에 없었다.
[❶] I will call you in a day or two to see [if anyone | has been **by**].
   [누가 있는지] 알기 위해 한 이틀 사이에 네게 전화할 게.

down

(사람)

❸   May I | get | **down**?
    나 | 가도 되니 | 내려?

❸   Everybody | get | **down**! There's a bomb!
    모두 자세를 낮춰 (엎드려)! 폭탄이다.(DHV56)

❸   We | can't get | **down**?
    우리는 | 갈 수 없어 | 내려.(2LR232)

❺   You | got | me | **down**.
    너는 | 했다 ‖ 날 | 실망하게.

[❺] Don't let the Muggles [| get ‖ you | **down**]!
    머글들이 널 잘해 주기 (실망하지 않게 하기)를 바래!(3HP10)

❺   His manner | always gets ‖ me | **down**.
    그의 몸가짐에 항상 실망할뿐이다.

❺   This wretched weather | gets ‖ me | **down**.
    이런 고약한 날씨는 | 한다 ‖ 날 | 침울하게.

❺   The rainy season | is getting ‖ me | **down**.
    장마철은 | 한다 ‖ 나를 | 우울하게.

❺   His low grades | got ‖ him | **down**.
    그의 낮은 성적이 | 했다 ‖ 그를 | 실망하게. *낮은 점수에 그는 낙담했다.

❺   The difficult task | finally got ‖ him | **down**.
    그 어려운 일에 그는 결국 지고 말았다.

❺ The heat | was getting ‖ me | **down**.
　열이 | 한다 ‖ 나를 | 지치게 (기분나쁘게).

❺ The long hours of work | got ‖ him | **down**.
　장시간의 노동은 그의 건강을 해치고 말았다.

❺ The news | certainly got ‖ her | **down**.
　그 뉴스가 | 분명히 시켰다 ‖ 그녀를 | 낙담.

[❺] It isn't just the work [that | gets ‖ Jiya | **down**, but the pay also]. 지야는 직장도 마음에 들지 않았고, 월급도 마음에 들지 않았다.

❼ I asked for a raise {but} | got | turned | **down**.
　나는 월급을 올려달라고 요구했다가 거절당했다.(ECD769)

기본형

❶ I | am **down**. 나 | 아래에 있어.(2LR240)
❶ | **Down**! **down**! 엎드려! 엎드려!(2LR250)
❶ Low bridge, everybody | **down**! 낮은 교량이다, 모두들 | 자세 낮춰!
❶ Why are you | so **down** today? 너 오늘 왜 그렇게 시무룩하니?
❶ He |'ll be right **down**. 그는 | 금방 내려갈 거예요.(ECD763)
❶ He | is very **down** {after} failing the test. 그는 | 매우 낙담해 있어, 시험실패 {후}.

(신체)

❸ Slowly his hands | got | **down**.
　천천히 그의 손이 | 되었다 | 내려지게.

❺ Oh, | get ‖ your hands | **down**! Do not salute me.
　아, 손들 내려. 내게 경례 붙이지 말아.(FG56)

❺ | Get ‖ your head | **down**!
　| 해라 (내려라) ‖ 머리를 | 아래로!(DHV162)

❺ It | never got ‖ his spirit | **down**.
　그건 | 못했다 ‖ 그의 정신을 | 꺾지.

기본형

❶ Eyes | **down**. 눈 | 아래로 내려.
❶ Heads | **down**. 머리 | 숙여.(1HP112)

(물건)

❸　　The kitten climbed the tree, {but} | then couldn't get | **down** again.
　　　새끼 고양이가 나무에 올라갔으나 | 없었다 | 다시 내려 올 수.

❺　　I |'ve got to chow ‖ (something) | **down**. (= I've got to eat quickly.)　배가 몹시 고프다. 빨리 먹어야겠다.

❺　　I bit into a hefty slab of bread and cheese. When I | had got ‖ it | **down**, I started talking.
　　　나는 커다란 빵과 치즈를 물었다. 내가 그것을 삼켰을 때 말을 시작했다.

❺　　He | got ‖ the pill | **down** (on the first try).
　　　그는 | 되었다 ‖ 그 알약을 | 삼키게 (첫 시도에서).

「❺　　| Get 「**down** ‖ Ma's old box of dress patterns.
　　　| 가져와 「내려서 ‖ 엄마의 옛날 옷들을.(GWW143)

기본형

❶　The cat | was **down**.　　　고양이가 | 내려와 있었다.
❶　| **Down**.　　　　　　　　| 내려라.(Deer Hunter) *인부들의 하역장면
❶　Hose | **down**!　　　　　호스 | 내려라!

(관념 · 활동)

❺　　| Get ‖ his phone number | **down**.
　　　그의 전화번호를 적어 놓아.

「❺　　Did you | get 「**down** ‖[what I said ∨]?
　　　너 | 받아 「적었니 ‖[내가 말한 것을].

기본형

❶　His name |'s been **down** {ever since} he was born.
　　태어날 {때부터} 그의 이름은 | (입학명단에) 기록됐어.(1HP58)
❶　My name | was **down** (for Eton).
　　나는 | 기록되었어 (이튼 합격 명단에).(2HP)

in

(사람)

❸ | Get | **in**.
　　| 오라 | 안으로.

❸   I | just got | **in**.
　　나 | 방금 왔어요 | 들어.

❸   I caught a taxi {and} | got | **in**.
　　나는 택시를 잡아서 그 안에 탔다.

❸   Could I | get | **in**?
　　내가 | 들어가도 될까 | 안 (좌석)에?

❸   He forgot his key and | couldn't get | **in**.
　　그는 키를 잊어버려 들어갈 수 없었다.

[❸]   While I am trying [| to get | **in**], someone else goes down ahead of me.
　　내가 가는 동안에 다른 사람이 먼저 들어가나이다.(Jn5:7)

❸   The burglar | got | **in** (through the window).
　　그 도둑은 들어 왔다 (창문을 통해). ☞ in through~

❸   We | got | **in** (at five).
　　우리는 | 도착했다 | 안에 (5시에).

❸   If the Conservatives | got | **in**, they might decide to change it.
　　보수파가 집권하면 그걸 바꾸려고 결정할지 몰라.

❺ | Get ‖ me | **in**.
　　| 줘 ‖ 나를 | 넣어 (끼워), 들게 해.

❺ | Get ‖ thee | **in**.
　　당신 들어오세요.

❺ | Get ‖ a doctor | **in**.
　　의사를 불러 드려라.

❺   You | get ‖ them | **in**.
　　너 | 데려와 ‖ 그들을 | 안으로.

❺   She | got ‖ the children | **in** at once.
　　그녀는 어린애들을 당장 들였다.

기본형

❶ "| In!," he said.　　　　　　"들라", 그가 말했어.(2HP78)
❶ I |'m in.　　　　　　　　　나 | 끼겠어.(GWH75)
❶ You |'re in.　　　　　　　넌 | (팀에) 끼인다.(6HP284)
❶ He |'s in.　　　　　　　　그는 | 안에 있어.
❶ He | won't be in (until seven o'clock).　그는 | 오지 않을 거야 (7시까지는).
❶ What time will he be in?　그 분 몇 시에 들어와요?(ECD759)
❶ Everyone | in?　　　　　　모두 | 들었니 (탔니)?(1HP112)
❶ Where are they, Walter? | Still in.
그들은 어디 있니, 왈터?, | 여전히 안에 있어.(DHV186)

(신체)

❺　You won't find the work difficult, once you | get ‖ your hand | in.
　　일단 요령을 터득하면, 그 일을 하나도 어렵지 않다.

[❺]　When I started my new job, my boss helped me [| get ‖ my hand | in].
　　새 일을 시작했을 때, 사장님께서 요령을 가르쳐 주었다.

기본형

❶ Tummy | in.　　　　　　　배 | 집어넣어라.
❶ How many fingers | are in?　손가락 몇 개가 | 접혀 있니?

(운송수단)

❸　What time does the bus | get | in, do you know?
　　버스가 몇 시에 도착하는지 알고 계세요?

❸　When does flight 600 | get | in?
　　600호기는 언제 도착합니까?

❸　The train | gets | in at noon.
　　기차는 정오에 도착한다.

❸　The train | got | in ten minutes early.
　　기차가 10분 빨리 도착했다.

기본형

❶ The train | was in.   기차가 | 들어와 있었다.

(기타 물건)

❺ We | have to get ‖ coal | in for the winter.
우리는 | 와야겠다 ‖ 석탄을 | 들여, 겨울을 나기 위해.

❺ | Please get ‖ the laundry | in. It's raining.
| 놓아요 ‖ 빨래를 | 들여. 비가 오고 있어요.

❺ They | got ‖ the hay | in before the rainy season.
장마철 전에 목초를 베어 들였다.

[❺] They wanted [| to get ‖ the harvest | in before winter].
그들은 [겨울이 오기 전에 곡식을 거두기를] 원했다.

기본형

❶ Your rug | is in.   주문한 양탄자 | 입하.(EXO)
❶ At least it |'s all in.   최소한 물건은 | 다 들어갔군.(5HP53)
❶ The DNA report | was in.   DNA 보고서가 | 들어와 있다.

(관념 · 활동)

[❺] I tried [| to get ‖ some work | in before dinner].
나는 [저녁 전에 약간의 일을 하려고] 했다.

[❺] I plan [| to get ‖ a few lessons | in].
나는 [약간의 수업을 일정에 넣으려고] 계획한다.

「❺ | Get 「in ‖ some golf during the summer.
| 해라 「넣도록 ‖ 여름에 골프 칠 시간을 얼마간 일과에.

(시간)

❺ I |'m getting ‖ an hour | in before breakfast everyday.
난 | (공부) 한다 ‖ 한 시간을 | 들여 매일 조식 전에.(5HP707)

기본형

❶ The points | are all in.   점수가 | 모두 집계되었어.(1HP302)
❶ Her serve | was just in.   그녀 서브는 | 바로 선 안쪽이었다.(OAD)

inside

(사람)

❸ | Get | **inside**, quick
　| 와요 | 안쪽으로, 빨리.

❸ We |'d better get | **inside**. It's going to rain.
　안으로 들어가는 게 좋겠네요. 비가 오려나봐요.

❺ I |'m gonna get ‖ her | **inside**.
　나는 | 데려오려 해 ‖ 그녀를 | 안쪽으로.

[❺] We need [to get ‖ you | **inside** immediately].
　우리는 | 필요로 해요 ‖ 여러분들이 | 즉시 안으로 들 것을.(Ind188)

기본형

❶ " | **Inside**, please," said Professor Lupin.
　| "안쪽으로 (들어와)," 루핀 교수가 말했어.(3HP132,6HP176)

[❶] Do you like [| being **inside**]. 　너는 좋아하니 [| 집안에 있는 것]?

❶ You | shouldn't be **inside** on a day like this.
　너희들은 | (이런 날) 집안에 있으면 안되지.(1HP268)

❶ Everybody | **inside**.　　　　모두 | 안쪽으로.(Ind192,5HP59)

off

(사람)

❸ I | get | **off** (work) in an hour.
　난 | 된다 | (일) 끝나게 1시간 안에.

❸ | Get | **off**!
　| 버려 | 떨어져! | 꺼져! | 차에서 내려!

❸ "Mom - | get | **off**." He wriggled free.
　"엄마 싫어." 그가 요리조리 몸을 흔들며 피했다.(1HP95)

❸ He was charged but | got | **off**.
그는 기소되었으나 빠져 나갔다. *벌을 면했다

[❸] I kept telling him [| to get | **off**].
나는 그에게 [손 떼라고] 계속 말하고 있었다.

❸ When the train stopped at Chicago, he | got | **off**.
기차가 시카고에 멈추고, 그는 내렸다.

❺ The lawyer | got ‖ me | **off**.
그 변호사 덕분에 벌을 면했다.

❺ If you | don't get ‖ your daughter | **off** {by the time } she's thirty, you never will.
딸이 30이 되기 전에 시집 못 보내면 결코 보낼 수 없다.

❺ | Get ‖ everybody | **off**!
| 해라 ‖ 모두 | 내리게.

기본형

❶ I | 'm <u>off</u> now.   나 | 지금 떠나.(4HP143)
❶ | (Be) Off! | 떨어져! | 사라져!(3LR229;P&P18)
❶ Everybody | <u>off</u>. We've got a problem.
모두 | (차에서) 내리세요. 문제가 생겼습니다.(TS85)
❶ We | 'll be <u>off</u> then.   우리 | 이만 갈게.(1HP254)
❶ They | were <u>off</u>.   그들은 | 떠났어.(1HP185)

(물건)

❸ The train | finally got | **off** (an hour late).
열차는 | 결국 되었다 | 떠나게 (한 시간 늦게).

❺ | Get ‖ your wet clothes | **off**.
| 해라 ‖ 젖은 옷을 | 벗도록. *젖은 옷을 벗어라.

[❺] Jim's mother told him [| to get ‖ his wet clothes | **off**].
짐의 어머니는 [그에게 젖은 옷을 벗으라고] 하셨다.

[「❺] Let's [| get 「**off** ‖ this mast shot].
[마스트 불을 꺼지도록] 하자.(TS)

기본형

❶ His jacket | was **off**.   그의 재킷은 | 벗어져 있었다.
❶ All lights except one | were **off**.   등 하나 외에는 모두 | 꺼졌어.

(시간)

❺   I | 'll get ‖ tomorrow | **off**. Let's go shopping.
　　난 | 된다 ‖ 내일 | 쉬게. 쇼핑가자구.

❺   I | got ‖ two weeks | **off** at the end of July.
　　나는 7월말에 2주일을 쉬게 돼.

[❺] I know [you | get ‖ Friday afternoons | **off**].
　　나는 알아 [네가 금요일 오후는 쉬는 것을].(1HP135)

❺   He | got ‖ the day | **off**.
　　그는 | 가졌다 ‖ 그날을 | 쉼을.

기본형

❶ At least one full day in a week | is **off**.   1주일 중 하루는 | 휴무다.
❶ Today is a travel day {and} then tomorrow | is **off**.
　오늘은 여행하는 날이{고} 내일은 휴무다.

o n

(사람)

❸   Oh, is it 11 already? I | must get | **on**.
　　벌써 11시냐? 이만 가야겠는데.

❸ | Do get | **on**.
　　| 해라 | 계속 이야기.(CN362)

❸ | Just get | **on!**.
　　| 꼭 해라 | 잡고 버티도록!

❸   How are you | getting | **on**?
　　너는 어떻게 지내니?

❸ You two | get | **on** beautifully.
너희 둘은 | 지내는군 | 서로 잘 어울려.

[❸] The host fears [the guests | won't get | **on**].
주인은 [손님들이 서로 잘 어울리지 않을 거라고] 걱정한다.

❸ The bus arrived {and} we | got | **on**.
버스가 도착하여 우리는 차에 탔다.(5HP524)

❸ Can't we | get | **on**?
우리 | 할 수 없니 | 계속 전진?(2LR262)

[❸] Let's [| get | **on**].
이제 우리 [시작 (계속) 하세].(Ho22)

❸ The bus arrived {and} we | got | **on**.
버스가 도착하여 우리는 탔다.

[❸] Here comes a street car. Let's [| get | **on**].
전차가 옵니다. 탑시다.

❸ I | got | him ‖ **on**.
나는 | 주었다 ‖ 그를 ‖ 채용하여.

❻ He | is getting | **on** ‖ **for** seventy.
그는 이미 70이 다 되어간다. *그는 70이 멀지 않다. ☞ on for~

❼ He | got | taken | **on** (by Pride of Portree).
그는 | 됐다 | 취해지게 | 채용되어 (PP 팀에게).(5HP557)

❼ I | got | turned | **on**.
나는 | 됐다 | 돌게 | 흥분상태로. *흥분되었다.

[대화]

A : Get up here, Mike. And get on the bike.
B : ❸ He | can get | **on**. He can ride.
A : ❶ He | is **on**! He can ride!
그는 | 올라 있어. 그는 탈 수 있어.(A Magic Box)

기본형

❶ I | 'm **on**!
❶ You | 're **on**.
❶ "| **On**, | **on**, get on-"

난 | 좋다! 찬성이다!
넌 | 붙었다. 네 제의를 수락해.(4HP551)
"타라, 타라, 타거라-"(5HP524)

❶ You | are **on**.　　　　　　너 | (방영/등장) 차례야.(EJD)
❶ | **On**, lad! On!　　　　　| 전진, 애들아! 전진!(3LR311)
❶ All right, gentlemen, we | 're **on**.　자, 여러분, 우리 | 시작하지.(Ind98)
❶ We | 're still **on** (for dinner tomorrow night)?
　우린 | (내일 밤 만찬) 여전히 하는 거지?(Fm132)
❶ He | 's been **on** for five years here.　그는 | 일해왔다 여기서 5년간
❶ He | ' almost always **on** (Thursday). (= is in a great mood)
　그는 | (목요일이면) 거의 항상 기분이 고조된다.(Ins71)

(물건)

❺ | Get ‖ your coat (dress) | **on**.
　| 해라 ‖ 코트 (드레스)를 | 걸치도록.

❺ Come on, | get ‖ it (= the sweater) | **on**.
　자, 어서, | 해라 ‖ 스웨터 | 입도록.(1HP202)

❺ You | 've got ‖ shoes | **on**.
　넌 | 있었군 ‖ 신발을 | 신고.(CN265)

❺ I | 've got ‖ the recorder | **on**.
　나는 | 두었다 ‖ 녹음기를 ‖ 켜.(Pel398)

기본형

❶ Hats | **on**!　　　　　모자들 | 써라!(Ins71;MHO)
❶ His jacket | was **on** too.　그의 상의도 | 역시 입혀있었다.
❶ The rest of his clothing | was still **on**.
　나머지 옷은 | 아직 입은 상태였다.(Cl265)
❶ The recorder | 's **on**.　녹음기가 | 켜 있다.(Pel400)

(관념·활동)

❸ The work | got | **on** well.
　일은 | 되었다 | 잘 진척.

❺ | Get ‖ a move | **on**, or we'll be late!
　서둘러라. 그렇지 않으면 우린 늦을 거야!

❺ Tom, we've got to leave in ten minutes. | Get ‖ a move | **on**!　톰, 우리 10분 후에 떠날 거야. 어서 서둘러!

❺ We | should get ‖ a move | **on**.
　　우리는 동작으로 옮겨야 해.(4HP344)

❺ You | got ‖ something | **on**?
　　너 | 되었니 ‖ 무슨 일이라도 | 하도록?

❺ (Have you) | got ‖ anything | **on**?
　　무얼 할 작정이라는 건가?(OHS30)

❺ The two of you | were getting ‖ it | **on** before, during and after marriage.
　　너희 둘은 결혼 전, 동안, 후에도 그런 (불륜) 관계였다.(2HP115)

❺ It | 's got ‖ your name | **on**.   그것에 네 이름이 붙어있어.(5HP779)

기본형

❶ What | 's **on**?　　　　　　무슨 일이 | 있니?
❶ What else | is **on**?　　　　방송 뭐 | 하고 있지?(TS182)
❶ Your project | is **on**.　　　네 계획은 | 시작해라.
❶ Now, a move | is **on** (to bring diesels into line).
　　이제, 작동이 | 시작된다 (디젤이 라인에 가도록).
❶ The game is | still **on**.　　그 경기는 | 여전히 하게 된다.*취소되지 않았다.(OAD)
❶ It | isn't **on**.　　　　　　그건 | 해서는 안돼.(OAD)

(시간)

❸ Time | is getting | **on**.　　시간이 | 가고 있어 | 계속.(Ho11)

❻ It | 's getting | **on** ‖ for midnight.
　　시간은 | 흐르고 있어 | 계속 ‖ 자정을 향해. *이럭저럭 자정이 가깝다.

❻ It | was getting | **on** ‖ in the afternoon.
　　오후 시간도 많이 지나가고 있었다. ☞ on in~

❻ It | 's getting | **on** ‖ toward midnight.
　　자정을 향해 시간이 흘렀다. ☞ on toward

기본형

❶ The evening | was **on**.　　저녁이 | 되었다.
❶ Nobody saw them clearly, as the night | was **on**.
　　누구도 그들은 정확히 보지 못했다, 밤이 | 되자.

out

(사람)

❸ I | got | **out** (just in time).
나는 (때맞춰) 도망했다.

❸ | Get | **out**!
| 해라 | 나가도록. *나가라! (1HP183)

❸ Get up and | get | **out**!
일어나 가라!(2Sa13:15)

❸ He | could not get | **out**.
그는 | 될 수 없었어 | 나가게.

[❸] I told him [to leave and | get | **out**].
나는 그에게 [나가라고] 말했다.

[❸] I've been thinking about [| getting | **out**].
난 [떠나는 것을] 대해 생각해 왔다.

❺ I | will get ‖ you | **out**.
내가 | 줄게 ‖ 너를 | 꺼내.

❺ | Get ‖ everybody | **out**!
| 해라 ‖ 모두들 | 밖으로 나가게!(DHV158)

❺ They | got | the batter | **out** (on a fly ball).
그들은 타자를 (플라이로) 잡았다.☞ out on~

❼ You | got | blacked | **out**?
너는 | 되었니 | 까맣게 | 기억 없게?

❼ He | got | chewed | **out** (by his boss).
그는 | 되었다 | 씹혀 | 나게 (상사에게).*꾸중듣게

❼ He | gets | chucked | **out**.
그는 | 된다 | 쫓겨 | 나게.(5HP701)

❼ The more students | get | thrown | **out**, the better, he'll think.
더 많은 학생들이 쫓겨나게 되면 더 좋다고 생각할 거야.(1HP247)

기본형

❶ I│'ll be **out** (for a while).   나 │ (잠시) 나갔다 올게.
❶ I│'m **out**.   나 │ 빠진다.
❶ "│ **Out**!" roared Uncle Vernon.   "│ 나가!", 버논 삼촌이 소리쳤어.(1HP36)
❶ I called Liz {but} she │ was **out**.   내가 리즈에게 전화했으나 그녀는 │ 외출했다.
❶ OK, everyone │ **out**! This is the end of the line!
   자, 여러분 모두 내려요! 여기 종점입니다!(EID)
❶ The batter │ is **out**.   타자는 │ 아웃이야.
❶ How long have I │ been **out**?   얼마동안 내가 │ 의식이 나갔니? *out = unconscious

(물건)

❸ Perhaps Mr. Snell's bull │ got │ **out** again.
   아마 스넬 씨 황소가 또 뛰쳐나간 모양이지.(SM64)

❺ He │ couldn't get ‖ the nail │ **out**.
   그는 │ 빼낼 수 없었어 ‖ 그 못을 │ 밖으로.

❺ Can you │ get ‖ this stain │ **out**?
   너는 │ 해 주시겠어요 ‖ 이 얼룩을 │ 제거?(TEPS)

❺ Mack │ got ‖ his wallet │ **out**.
   맥은 │ 되었다 ‖ 지갑을 │ 꺼내게.

❺ He │ got ‖ the book │ **out**. quickly.
   그는 │ 되었다 ‖ 책을 │ 급히 꺼내게.

❺ We│'ve got to get ‖ this book │ **out** (next month).
   우린 │ 해야 해 ‖ 이 책을 │ 출간 (다음 달).(EJD)

「❺ He │ got 「**out** ‖ his pen and signed the check.
   그는 │ 꺼냈다 「밖으로 ‖ 펜을, 그리고 수표에 사인했다.

기본형

❶ The sword │ is **out**.   검이 │ 뽑혀져 있다.(KL)
❶ The wand │ was **out**.   그의 마법지팡이가 │ 나왔다.(4HP186)
❶ When will your new book │ be **out**?   새 저서는 │ 언제 출판되니?
[❶] The librarian said [that the book │ was still **out**].
   [그 책은 │ 현재 대출중이라고] 사서는 말했다.

(관념 · 활동)

❸　How did the news | get | **out**?
　　어떻게 뉴스가 | 되었니 | 새 나가게?

[❸]　We must not let the secret [| get | **out**].
　　넌 [비밀을 누설하면] 안 된다.

❸　If word | got | **out** now, a scandal could be disastrous.
　　지금 말이 새 나가면, 스캔들은 치명적일 수 있어.

❸　The word | got | **out** [that the boss would resign].
　　사장이 물러날 거라는 소문이 있었다.(NQE)　*[ ]는 word와 동격

❺　I was so shocked I | couldn't get ‖ anything | **out**.
　　난 너무 놀라서 아무 말도 할 수가 없더라구.(NQE)

❺　Tom was silent for a moment. {then} | got ‖ it | **out**.
　　톰은 잠시 침묵했다가, 말을 꺼냈다.(P&P92)

[❺]　Let's [| get ‖ this work | **out**]!
　　우리 [이 일을 완성하도록] 하자.

「❺　He | got 「**out** ‖ a few words.
　　그는 | 꺼 「냈다 ‖ 몇 마디 말을.(4HP313)

기본형

❶　The secret | is **out**.　　　비밀이 | 탄로났어.
❶　The truth | is **out** at last.　드디어 사실이 | 밝혀졌다.
❶　The results of the Bar exam | are **out**.　변호사시험 결과가 | 발표났어.

outside

(사람)

❸　| Get | **outside**!
　　| 가라 | 바깥으로.(4HP107)

「❺'　| Get ‖ some fresh air 「**outside** and you will feel much better.　밖에 나가서 바람을 좀 쐬면 기분이 훨씬 좋아질 거야.

기본형

❶ I |'ll be right <u>outside</u>.　　　　　난 | 바로 밖에 있을 게.(ECD97)
❶ He | is <u>outside</u>.　　　　　　　　그는 | 바깥에 있어.(5HP490)

over

(사람)

[❸]　When they reached the river, they tried [| to get | <u>**over**</u>].
　　　그들이 강가에 이르렀을 때, 그들은 [건너가려고] 해보았다.

❺　We | got ‖ customers | all <u>**over**</u>.
　　우리는 | 있어 ‖ 손님이 | 온 사방에.

❼　I | got | pulled | <u>**over**</u>.
　　나는 | 되었다 | 끌려가게 | 너머로. *경찰한테 걸려 차를 노견에 대다.

기본형

❶ I |'ll be right <u>over</u>.　　　　　　　나 | 곧 그 쪽에 갈 게.(ECD762)
❶ Will you | be <u>over</u> (on saturday)?　너 | 여기 오겠니 (토요일에)?
❶ Our friends | were <u>over</u> yesterday.　우리의 친구들이 | 어제 여기 와 있었다.

(물건)

❸　" | Get | <u>**over**</u>! | Get | <u>**over**</u>! | Get | <u>**over**</u>!"
　　(공을 친 후) "넘어 가라! 넘어가! 넘어가!"라고 외치다.(GWH92)

❺　We | got ‖ the dogs | <u>**over**</u> first.
　　우리는 | 주었다 ‖ 개들을 | 먼저 넘겨.

기본형

❶ The balloon | is directly <u>over</u>.　　기구가 | 바로 머리 위에 있다.
❶ It |'s <u>over</u>, around, under and through.
　　그것은 넘겨서, 돌려서, 아래로 그리고 통과했어.

(관념 · 활동)

[⑤]   Ten minutes is enough [| to get ‖ the main points |
over].   [요점을 이해시키는 데에] 10분이면 충분하다.(EPV)

⑤ | Get ‖ it | **over**.
| 해 ‖ 그것을 | 끝나게.(2LR239)

[⑤]   Let's [| get ‖ meeting | **over** by 11].
우리 [11시까지는 회의를 끝내도록] 하자.

기본형

❶ It | 's all **over**.   그건 | 다 끝났어.
❶ By the time we arrived the meeting | was **over**.
우리가 도착했을 때 모임은 | 끝났다.(OAD)

through

(사람)

❸   He | could not get | **through**.
그는 | 할 수 없었어 | 통과.(Ho89)

❸   I tired, but I | couldn't get | **through**. The crowd was
too heavy.   나는 시도해 보았지만, 뚫고 갈 수가 없었다. 군중들이 너무 밀집해 있었다.

❸   I | finally got | **through**.
나는 | 결국 되었어 | 통화하게.

❸   I tried to phone you, but I | couldn't get | **through**.
나는 네게 전화를 하려고 했으나 연결이 되지 않았다.(TEPS)

❸   When I dialed, I | got | right (straight) **through**.
전화를 걸었을 때 곧바로 연결되었다.

❸   You | 'd better get | **through**.   너 | 좋겠어 | 끝내야.

❸   What time will you | get | **through** today?
오늘 너는 언제 일이 끝나니?

❺   Ox | got ‖ me | **through** (that time).
옥스 | 해줬다 ‖ 날 | (그 시절을) 지나게.(WYS61)

❺ I | couldn't get ‖ my finger | **through** (the hole).
나는 | 할 수 없었다 ‖ 내 손가락이 | (그 구멍을) 통하게.

[대화]

A : Will you get Mr. Kim on the phone?
김씨에게 전화 좀 걸어 주시겠어요?

B : ❸ I've already tried, but I | can't get | **through**. The line is busy. 벌써 해봤지만 안 걸려요. 통화중입니다.

기본형

❶ He | was **through**. 그는 | (문을) 통과했어.(Ho89)
❶ You | are **through**. (시험결과를 보고) 너 | 합격이야.
❶ I | 've been **through** enough. 난 | 충분히 겪었어.
❶ I | was **through**. 나는 | 전화 연결했어.(끝났어)
❶ Are you | **through**? 너 | 전화 통했니? (끝났니) * I'm through.라고 할 때, 미국에서는 통화가 끝났을 경우에 쓰이지만, 영국에서는 상대방에 전화가 연결되었다는 것을 말한다.
❶ I | 'll be **through** (in a minute). 난 | 끝날 거야 (잠시 후).
❶ We | are **through** (for today). 우리는 | 끝났어 (오늘은).

(사물)

[❸] If his referendum law failed [| to get | **through**],
만약 그의 국민투표 법안이 [통과되지 못한다] 면,

❸ You have covered yourself with a cloud so that no prayer | can get | **through**.
주께서 구름으로 스스로 가리우사 기도로 상달치 못하게 하시고(La3:44)

「❺ I | got 「**through** ‖ all my money and went back to my parents. 난 돈을 다 써 버려서 결국 부모님께 돌아갔지.(NQE)

기본형

❶ The application | was **through** and the apartment was mine.
그 신청이 | 통과되고 그 아파트는 내 것이 되었다.
❶ The book | was **through**. 책은 | 읽기가 끝났다.

to

(사물)

❺ I│can't get ‖ the lid of my trunk │ quite **to**.
나는 │ 할 수 없어 ‖ 트렁크의 뚜껑을 │ (아래쪽에) 잘 닫히게.
*트렁크 뚜껑을 꽉 닫히게 할 수 없다.

기본형

❶ Is the door │ **to**?   문은 │ (문틀에) 지향해 (닫혀) 있니?
*문은 닫혔으나 완전히 밀폐되지 않은 상태를 나타냄.

together

(사람 · 조직)

[❸] It's been good to see you, Bill. We'll have you [│ get │ **together** again soon]. 빌, 당신을 만나 즐거웠어요. 곧 다시 만나야 할 겁니다.

❸ You and Professor Trelawney │ should get │ **together** some time. 너와 트렐로니 교수는 │ 만나야 해 │ 함께 가끔.(4HP318)

❸ Hey! We │ should get │ **together**.
우리 │ 하자 │ 만나도록.

❸ When will we │ get │ **together**?
언제 우리 │ 할까 │ 모이도록?

❸ What time shall we │ get │ **together**?
몇 시에 우리 │ 할까 │ 만나도록?

[❸] Let's [│ get │ **together** again soon].
[조만간 또 만나도록] 합시다.(TEPS)

[❸] Do you think [we │ could get │ **together** at Christmas]?
크리스마스에 만나는 것을 어떻게 생각하세요?

〈❸〉 This is the only forum 〈 where East and West │ can get │ **together** 〉. 이 건 〈 동서가 함께 만날 수 있는 〉 유일한 토론장이다.

❺ You | should get ‖ yourself | **together** for your kids.
너는 아이들을 위해서라도 정신을 좀 차려야지.(NQE)

[❺] Come on now, try [| to get ‖ yourself | **together**].
자, [감정을 자제하도록] 노력하세요.(EPV)

❻ Paul and I | were getting ‖ a band | **together**, and we needed a new record deal.
폴과 나는 악단을 만들려고 했어, 우리는 레코드 거래가 필요했다.

❼ Mom and Dad | got | back | **together**.
엄마와 아빠가 | 되었다 | 돌아오게 | 함께.

기본형

❶ She | 's really **together**.   그녀는 | 안정되고 효율적이다.
❶ You | are **together**, what, three weeks? 너희들 | 뭐 3주나 같이 지내?
❶ We | could be **together** (for New Years).
우리는 | (신년에) 함께 지낼 수 있었다.
❶ They | were all **together** (in one place).
그들은 | 모두 모였다 (한 장소에)(Ac2:1)
❶ All the believers | were **together**. 믿는 사람이 | 다 함께 있었다.(Ac2:44)

(물건)

❺ I | 'll get ‖ your things | **together**.
난 | 놓을 거야 ‖ 네 물건들을 | 함께 (꾸려).(UTC22)

❺ Uh, | get ‖ your stuff | **together** and uh, head for Aunt Esther's.   에, 집을 꾸려 에스터 숙모 댁으로 향해요.(Ind50)

❺ Now you | 've finally got ‖ enough money | **together** ⟨ to put down a deposit on your dream home ⟩.
이제 넌 ⟨ 드림 홈에 선금을 낼 수 있게 ⟩ 충분한 돈을 긁어 모았다.

「❺ The younger son | got 「**together**」[all he had],
둘째 아들이 재물을 다 모아가지고(Lk15:13)

기본형

❶ The pieces | were **together**.   부품들이 | 결합되어 있었다.

(관념 · 활동)

⑤　　I │ just could not get ‖ my emotions │ **together**.
　　　나는 감정을 억제할 수가 없었다.(EPV)

[⑤]　Try [│ to get ‖ your ideas │ **together**] before tomorrow's meeting.
　　　내일 회의가 시작되기 전까지 [네 생각을 좀 정리해] 봐.(EPV)

⑤　　He │'d better get ‖ his act │ **together** soon.
　　　그는 │ 좋을 텐데 ‖ 그의 마음을 │ 다잡는 것이, 빨리.

⑤　　Jim's wife won't see him again until he │ gets ‖ it │ **together**.
　　　짐의 아내는 그가 생활을 정돈할 때까지 그를 보지 않을 거야.(EID)

⑤　　Then she │ got ‖ it │ all **together**.
　　　그녀가 (정신병원에서) 안정을 찾았다.(EID)

기본형

❶　Everything │ was **together**. I thought [it │ was **together**].
　　모든 것이 │ 온전했다. 나는 [그것이 온전하다고] 생각했다.

---

u p

(사람)

③　　│ Get │ **up** and walk.
　　　│ 해라 │ 일어나도록. *일어나 걸어라.(Mt9:5)

③　　It's all right, **up**」 you │ get.
　　　괜찮아, 일어나라.(1HP146)

③　　I tell you, │ get │ **up**, take your mat and go home.
　　　내가 네게 이르노니 일어나 침상을 가지고 집으로 가라.(Mk2:11,9)

③　　So he │ got │ **up** and stood there.
　　　저가 일어나 서거늘(Lk6:8)

❸　　He | got | **up** and began to question the witness.
　　　그는 자리에서 일어나 중인 심문을 시작했다.

❸　　I | got | **up** early this morning.
　　　나는 오늘 아침 일찍 일어났다.

[❸]　　I want [| to get | **up** (early everyday)].
　　　난 [매일 일찍 일어나고] 싶어요.

❸　　"Up! | Get | **up**! Now!"
　　　"일어나! 일어나라! 지금!"(1HP19)

❸　　You | 've got to get | **up** at eight o'clock.
　　　넌 | 해 | 8시에 일어나야.

❸　　What time do you | usually get | **up**?
　　　너는 보통 몇 시에 일어나니?

⟨❸⟩　　It's time ⟨ | to get | **up** ⟩.
　　　⟨ 일어나야 ⟩ 할 시간이야.

❺　　I | have to get ‖ the children | **up** and dressed for school.　　아이들을 깨워 옷을 입혀서 학교 가도록 해야지.

❺　　| Get ‖ me | **up**.
　　　| 쥐 ‖ 날 | 일으켜.(Deer Hunter)

❺　　Can you | get ‖ me | **up** at six tomorrow?
　　　나를 내일 아침 6시에 깨워주시겠어요?

❺　　He | got ‖ me | **up** at 6 in the morning.
　　　그는 | 해주었다 ‖ 날 | 6시에 깨도록.

❺　　Mother | gets ‖ me | **up** at 7.
　　　어머니는 나를 7시에 깨운다.

❼　　Ron | couldn't get | worked | **up**.
　　　론은 흥이 나지 않았다.(1HP264)

[대화 1]

A :　❸ What time did you | get | **up** this morning?
　　　오늘 아침 몇 시에 일어났어요?

B :　❸ I | got | **up** at seven.
　　　7시에 일어났어요.(SMV)

[대화 2]

A : ❸ Who | gets | **up** first?
　　　누가 제일 먼저 일어나니?

B : Usually my sister Jane.
　　　누이동생 제인이야.(SMV)

기본형

❶ Everybody | **up**, please!　　| 모두 | 일어나요!(DHV164)
❶ A wizened old guard | was **up** (by the ticket barrier).
　　쭈글쭈글한 늙은 차장이 (개찰구 옆에) | 서 있었어.(1HP308)
❶ I | was **up** late last night.　　나는 | 간 밤 늦게 일어나 있었어.
❶ "| **Up**!", she screeched.　　"| 기상," 그녀가 소리쳤어(1HP19).
❶ You | are **up** early.　　너 | 일찍 일어났군.
❶ He | was already **up**.　　그는 | 이미 기상했어.
❶ Sometimes I | am **up**, sometimes I am down.
　　때로는 즐겁고 때로는 우울해.(Hymn)

(신체 · 정신)

❺ Up! | Get || your ass | **up**!
　　일어나! | 해라 || 엉덩이를 | 들어올리도록.(Spe32)
❺ His insolent manner | really got || my blood | **up**.
　　그의 불손한 태도가 나를 정말로 화나게 했어.
「❺ How did you | get ⌈**up** || the nerve?
　　어떻게 너는 | 되었니 「내게 || 용기를.(ECD54)

기본형

❶ Why is your hand | **up**?　　왜 네 손이 | 들렸니?
❶ His blood | was really **up**.　　그는 | 정말 화가 났어.
❶ His pride | is **up**.　　그의 자존심이 | 고조되었다.(ATS126)

(물건 · 장소)

❸ The sea | got | **up**.
　　바다가 | 되었다 | 거칠어지게.

❸　　The wind │ was getting │ **up**.
　　　바람이 점점 거세졌다.

❺　　│ Got ‖ my lines │ **up**.
　　　│ 해라 ‖ 내 줄을 │ 올리도록. *내 줄을 위로 당겨라.

기본형

---
❶　The flag │ is **up**.　　　　　깃대가 │ 올라있어.
❶　Pressure │'s **up**.　　　　　압력이 │ 올라있어.(충분해)
❶　The rivers │ are **up**.　　　강물 수위가 │ 올라 있어.

(觀念 · 活動)

❺　　│ Get ‖ it │ **up**.
　　　│ 해라 ‖ 그걸 │ 올리도록. *서둘러라.

❺　　│ Don't get ‖ your hope │ **up**.
　　　│ 기대하지 마라 ‖ 희망을 │ 크게.(5HP505)

「❺　The youth club │ is getting 「**up** ‖ a concert next week.
　　　청년단은 내주에 콘서트를 할 계획이다.

[「❺]　Let's [│ get 「**up** ‖ a party for the freshmen].
　　　우리 [신입생을 위한 파티를 열도록] 하자.

[「❺]　He decided [│ to get 「**up** ‖ a celebration].
　　　그는 [축하연을 하기로] 결정했다.

기본형

---
❶　A party │ is **up**.　　　　　　　　　　　파티가 │ 열린다.
❶　Your hope │ is **up**. (high in the sky).　네 희망이 (하늘 높이) 솟아 있다.
❶　Our latest project │ is not **up** and running yet.
　　우리의 최근 프로젝트가 │ 아직 착수되지 않고 있다.

 참고

out and about

(사람)

❸ At least you | 've been able to get | **out and about**,
최소한 너는 밖에 나가 돌아다닐 수는 있었지.(5HP82)

기본형

❶ Carl was really sick last week, but he | 's **out and about** this week.
칼은 지난주 정말 아팠는데, 이번 주에는 여기저기 돌아다닌다.(EID)

up ahead

(사람)

❺ We | 've still got ‖ some great music | **up ahead**.
우리는 | 가지고 있다 ‖ 좋은 음악을 | 준비해.(TS60)

기본형

❶ There's ⌋ a gap in the road | **up ahead**. 도로의 공백이 | 바로 앞에 있다.(Spe104)

up and around

(사람)

❸　　She | gets | **up and around**.
　　　그녀는 | 있어 | 일어나 이리저리 다니고.

기본형

❶ She |'s **up and around**.　　　그녀는 | 일어나 다녀.

back inside

(사람)

[❸]　Hermoine turned to the portrait [| to get | **back inside**].
　　　허마니는 [안으로 돌아가려고] 초상화쪽으로 틀었다.(1HP156)

기본형

❶ She | was **back inside.**　　난 | 바가지 썼다.

back on

(사물)

❺　　| Get ‖ your jacket | **back on**.
　　　| 해 ‖ 재킷을 | 다시 입도록.

❺　　| Get ‖ those bricks | **back on**.
　　　| 해라 ‖ 저 벽돌들을 | 다시 나르도록.(TC35)

기본형

❶ Their earmuffs | was **back on**.　귀 가리개는 | 다시 착용되었어.(2HP94)

close by

(사람)

❸ He | got | **close by**.
그는 | 되었다 | 가까이 곁에 있게.

기본형

❶ He | is **close by**.   그는 | 가까이 곁에 있어.(Spe30)

back together

(사람)

❸ Mom and Dad | got | **back together**.
엄마와 아빠가 | 되었다 | 다시 함께 있게.

기본형

❶ They | were **back together**.   그들은 | 다시 함께 있었다.

out from under

(사람)

[❸] He tried [| to get | **out from under**].
그는 곤경에서 벗어나려고 애썼다.

PART 3
전치사구 — *preposition*

about~....above~....across~....after~....along~....
around~....at~....back~....behind~....below~....
between~....beyond~....by~....down~....for~....
from~....in~....into~....of~....off~....on~....out~....
over~....past~....through~....to~....toward(s)~....
under~....up~....with~....within~....without~....near~....
opposite~

about~

(pr + 관념 · 활동)

⑤ I'm sorry, I │ didn't get ‖ the word │ **about the meeting today.**
죄송해요, 저는 그 모임에 관하여 무슨 뜻인지 잘 알아듣지 못했어요.

⑤ Where can I │ get ‖ information │ **about it?**
어디서 내가 │ 얻을 수 있을까 ‖ 정보를 │ 그것에 관해?

⑥ You │ must be getting │ nervous ‖ **about your test tomorrow.**
너 내일 시험에 긴장하고 있음이 틀림없어.

⑥ │ Don't get │ mad ‖ **about it.**
그렇게 화를 내지는 말게나.

기본형

❶ What's」 it │ all <u>about</u> ∨? 그건 │ 어떻게 된 사정인가? (ECD79)

(pr + 장소)

[❷] The nature of his business enables him [│ to get ‖ **about the world** a great deal].
그는 직업의 성격상 세계의 이곳저곳을 많이 다닐 수 있다. (EPL)

(pr + 시간)

⑥ They │ got │ talking ‖ **about old times.**
그들은 │ 되었다 │ 이야기하게 ‖ 옛날에 대해. *그들은 옛날이야기를 시작하였다.

above ~

(pr + 사람)

❸ | Don't get | **above yourself**. I am still your boss.
잘난 척하지 말게. 내가 아직 자네의 상관이니까.(EID)

기본형

[❶] Don't you think [I | 'm <u>above</u> you]?
[내가 | 너보다 위라]고 생각하지 않니?

(pr + 관념 · 활동)

❸ Recently I | have got | **above suspicion**.
최근에 나는 | 되었다 | 혐의를 벗어나게.

기본형

❶ He | 's <u>above</u> suspicion.   그는 | 혐의를 벗어나 있다.

(pr + 장소)

❺ We | 've got ‖ a lovely country cottage | **above the lake**.
우리는 | 가지고 있어 ‖ 사랑스러운 시골 초가집을 | 호수 위쪽에.

[❺] I was almost bankrupt a few years ago, but now I seem [| to have gotten ‖ my head | **above water**].
난 몇 년 전 거의 파산상태였는데 지금 대체로 [해결한 것] 같아.(EID)

기본형

❶ His head | is <u>above</u> water.   그의 머리는 | 수면 위에 있다.
❶ Oxford | is <u>above</u> Henley 〈 on the Thames 〉.
옥스퍼드는 | 〈 테임스 강변의 〉 헨리보다 위쪽이야.

across~

(pr + 사람)

[❺]　He is good at [| getting ‖ a point | **across** people].
그녀는 [남에게 요점을 파악하게 하는 데] 능하다.

기본형

❶　A thought | was **across** his mind.　한 생각이 | 그의 마음에 가로질렀다.

(pr + 장소)

❸　The bridge had been destroyed, so we | could not get | **across** the river.
다리가 부서졌다, 그래서 우리는 | 갈 수 없었어 | 강 건너로.

[❸]　They managed [| to get | **across** the river].
그들은 그럭저럭 [강을 건너게] 되었다.

❺　The commander | got ‖ the army | **across** the river.
사령관은 | 했다 ‖ 군대를 | 강을 건너게.

❺　We | have to get ‖ everyone | **across** the bridge. {before} the volcano erupts again.
우리는 | 해야 해 ‖ 모두 | 다리를 건너게, 화산이 폭발하기 전에.

❺　We | got ‖ the car | **across** the river.
우리는 | 가져갔다 ‖ 차를 | 강 건너로.

기본형

❶　He | was **across** the Ford.　그는 | 그 여울을 건너 있었다.
❶　She | was **across** the street, taking her kid in to this school.
그녀는 | 길 건너편에 있었어, 애를 학교에 데려다주면서.
❶　The NKs | are **across** the river.　북한군은 | 강 건너편에 있어.(RP468)
❶　Raid Six | was now **across** the line.
6호 전투기는 | 이제 그 선을 넘어 있었다.(EXO819)

after~

(pr + 사람)

❸ | Please don't get | **after me** all the time.
| 하지 마라 | 항상 나를 추궁하지 마라.

❸ My mother | is always getting | **after me** (for my mistakes).
나의 어머니는 | 항상 한다 | 나를 추궁 (내 실수를).

❸ The other boys | got | **after him** {and} almost got him.
다른 소년들이 | 하여 | 그를 추적, 거의 그를 잡을 뻔했다.

❸ His wife | has to get | **after him** (to carry his umbrella).
그의 처는 | 해야 했다 | 그에게 재촉 (우산을 챙겨 갈 것을).

❸ She | got | **after** her husband (to tie up the old newspapers).
그녀는 | 했다 | 남편에게 재촉 (지나간 신문을 잘 묶어달라고).

기본형

❶ | After them! | 그들을 잡아라!
❶ The police | are after the thief. 경찰은 | 도둑을 추적 중이야.
❶ John | 's after Susan. 존은 | 수잔 꽁무니를 따라다녀.(ECD542)

along~

(pr + 장소)

❸ You | 'd better get | **along home** {before} it starts to rain. 너는 | 것이 좋겠다 | 집으로 가는, 비가 오기 (전에).

기본형

❶ Stine | was along home. 스틴은 | 집에 눌러 있었다.

around~

(pr + 사람)

❸ They | got | **around me** and started congratulating me on winning the first prize.
그들은 나를 둘러 싸고, 1등상을 차지한 걸 축하했다. (NEQ)

❸ We | couldn't get | **around the people** (standing in the hallway).
우리는 | 접근할 수 없었다 | (복도에 서 있는) 사람들 주변에.

❸ We knew she would oppose us, so we | got | **around her** {and} got it approved by someone else.
우린 그녀가 우릴 반대할 수 알았다. 그래서 우리는 | 하였다 | 그녀를 우회, {그리고} 다른 사람에게서 허락을 받았다.

❸ Max | could always get | **around her**.
막스는 | 항상 설득할 수 있었다 | 그녀를

[❸] She knows how [| to get | **around her grandfather**].
그녀는 [할아버지를 설득하는 (주변에 접근하는)] 방법을 안다.

기본형

❶ His team-mates | were **around** him.
그의 팀메이트들이 | 그를 둘러쌌다. (4HP103)

❶ We | were **around** the people ⟨ that are closest and most important ⟩.
우리는 | ⟨ 가장 가깝고 중요한 ⟩ 사람들 주변에 있었어.

(pr + 물건·장소)

❸ We | couldn't get | **around the fallen tree**, so we turned back.
우리는 | 접근할 수 없었다 | 넘어진 나무 주변에, 그래서 돌아섰다.

❺ If I | can get ‖ them | **around the table**, I am sure I can make them agree.
내가 그들을 테이블 주변에 데려올 수 (협상에 끌어낼 수) 있다면, 난 그 들을 찬성하게 할 확신이 있어.

기본형

❶ We | were <u>around</u> the tree.   우리는 | 그 나무 주변에 있었어.

(pr + 관념·활동)

[❸] Isn't there any way of [| getting | **around** it]?
[그걸 회피할] 방도가 없어요? *어떻게 안되겠습니까?

〈❸〉 There is a way 〈 | to get | **around** this problem 〉.
〈 이 문제를 회피할 〉 하나의 방법이 있다.

[❸] I don't know [how we | can get | **around** the problem].
난 [그 문제를 어떻게 회피할 수 있을지] 모르겠다.

〈❸〉 I found a way 〈 | to get | **around** this regulation 〉.
나는 〈 이 규정을 피해갈 수 있는 〉 방법을 찾았어. (NQE)

〈❸〉 I know I can find a way 〈 | to get | **around** the rule 〉.
나는 [그 규칙을 우회(회피)할 수 있는] 방법을 찾을 줄 알아.

[❸] He couldn't find any way of [| getting | **around** his difficulties].
그는 [어려움을 우회하는 방법]을 찾을 수 없었다.

기본형

❶ Hmm... also, while we | are <u>around</u> the topic.
음... 마찬가지로. 우리가 | 그 주제 주위에 있는 동안.

〈❶〉 They tried to think of a way 〈 | **around** the problem 〉.
그들은 〈 그 문제를 회피할 〉 방법을 생각하려고 했다. (7HP507)

a t ~

(pr + 사람)

❸ He | got | | **at them.**
그는 | 접근했어 | 그들에게. *달려 들었다.

❸　He | 's always getting | **at** his wife.
　　그는 늘 아내를 구박한다.

❸　She | 's always getting | **at** her husband.
　　그녀는 남편에게 항상 잔소리해.

❸　He | got | **at** the judge, and the charges were dismissed.
　　그는 | 되었고 | 판사에게 접근 (매수) 하게, 기소는 기각되었다

❸　The gangsters | couldn't get | **at** the mayor.
　　깡패들은 | 할 수 없었다 | 시장에 불법적인 방법으로 접근.

[❼]　I am sorry [I | got | so mad | **at** you].
　　난 [네게 화내게 되어서] 미안해.

기본형

❶　| **At** them, lads!　　　　　　　| 그들을 잡아라, 애들아.
❶　She | is **at** me again.　　　　　그녀는 | 또 내게 집적거려 (잔소리해).
❶　Everyone | was **at** him now.　　모두가 | 그에게 달려들었다 이제는.(CN181)

수동형

[❶]　It was found out [that they | had been got (‖) **at**].
　　그들이 매수된 것이 발각되었다.

(pr + 신체)

❹　He | got ‖ a good look ‖ **at** her face.
　　그녀의 얼굴을 자세히 보았다.

(pr + 물건)

❸　Can you | get | **at** the branch?
　　너 | 닿니 | 가지에?

[❸]　Put this medicine [where small children | can't get | **at** it].　이 약을 [어린이들이 손 닿지 못하는 곳에] 두어라.

[❸]　The baby tired [| to get | **at** the doll].
　　아기는 인형을 잡으려고 손을 뻗쳤다.

❸   The mice | are getting | **at cheese** again.
쥐들이 또 치즈를 건드리고 있다.

[❸]   Let me [| get | **at** that stake].
나 [그 스테이크] 먹게 해줘.

기본형

> ❶ The ax | is already **at** the root of the trees.
> 도끼가 | 이미 나무 뿌리에 놓여 있다.

(pr + 관념 · 활동)

❸   I | can't get | **at his meaning**.
그의 진의를 알 수가 없다.

[❸]   The meaning of this book is hard [| to get | **at** ∩].
이 책은 이해하기가 힘들다. *∩ = the meaning.

❸   I've kept putting the work off, but I | really must get | **at it**.   일을 미루어 왔으나 이제는 착수하지 않으면 안 되겠다.

❸   They | got | **at it** again.
그들은 | 했다 | 또 그렇게.

❸   The commander | could not get | **at the truth**.
사령관은 | 할 수 없었다 | 진실에 접근.(Ac 21:34)

[❸]   We found it hard [| to get | **at the truth** of the matter].
우리는 [사건의 진상을 파악하는 것이] 어렵다고 알았다.

❸   **What** are you | getting | **at**?
네 의도가 | 있니 | 무엇에? *무슨 말 하려는 거니?

[❸]   I don't know [**what** you | are getting | **at** ∨].
나는 [네가 무엇을 말하고자 하는지] 모르겠다.

[❸]   I couldn't see [**what** he | was getting | **at** ∨].
나는 [그가 의미하는 것을] 알 수가 없었다.

❺   You | can get ‖ ramyon | **at a modest price**.
너는 | 살 수 있다 ‖ 라면을 | 싼 값에.

「❺′   We | get | our bread 「**at the risk** of our lives because of the sword in the desert.
광야에는 칼이 있어 죽기를 무릅써야 양식을 얻사오니(La5:9)

❼ He | always gets | along with people ⟨ around him ⟩ | at ease.　그는 | 항상 돼 | 주변 사람들과 어울리게 | 쉽게.

기본형

❶ What are | you | at ∨?　네 의도가 | 무엇이니?
❶ If we | were at the truth, all non-truths and fallibilities would be exposed.　우리가 | 진리에 접근해 있다면 비진리와 허구는 노출될 것이다.
❶ Attention! | At ease!　차려! | 쉬어! (군대구령)
❶ They | 're at it again.　그들이 | 또 그러는 군. be at it again 어떤 행동의 재발(再發)

(pr + 장소)

[❸] The goat was wondering [how | to get | at the water].
그 산양은 궁금했다 [어떻게 그 물에 접근할 것인지].(AF8)

❺ I | got ∥ a new hat | at the department store.
나는 | 샀다 ∥ 새 모자를 | 백화점에서.

❺ Andrew | got ∥ this tie | at the department store.
앤드류는 | 샀어 ∥ 이 넥타이를 | 백화점에서.

❺ I | never got ∥ him | at home.
난 | 접촉(전화연결) 하지 못했다 ∥ 그를 | 집에서.

❺ | Get ∥ stamps | at the vending machine over there.
| 취해라 ∥ 우표를 | 저 너머 자동판매기에 놓여 있는.

❺ She | gets ∥ music lessons (twice a week) | at her school.
그녀는 | 갖는다 ∥ 음악 수업을 (일주일 두번) | 학교에서.

❺ We | 'll get ∥ lunch | at the inn.
우리 | 먹자 ∥ 점심을 | 여인숙에서.

「❺′ You | can get ∥ good prices 「at the Namdaemun Market.　우리는 남대문 시장에 가면 싼 가격에 살 수 있다.

「❺′ He | got ∥ onto the bus 「at 42nd Street.
그는 | 탔다 ∥ 버스에 「42번가에서.

「❺′ I | got ∥ a bad cold 「at a dance yesterday night.
나는 어제밤 무도회에서 독감에 옮았다.

❼   John | is getting | on well | **at school**.
         존은 | 있다 | 잘 하고 | 학교에서.

기본형

- ❶ Where are you | **at**?   너 | 지금 어디쯤 있니?
- ❶ He | is **at** the office.   그는 | 사무실에 있어.
- ❶ He | is **at** school.   그는 | 수업중이다.
- ❶ They |'re **at** the seaside.   그들은 | 해변에 있어.
- ❶ Dinner | was **at** Rumba's.   저녁은 | 룸바 가서 먹었다.

back~

(pr + 장소)

❸ | Get | **back here**.
         | 와라 | 이 뒤로.(TS12)

❸   Wait till I | get | **back home**.
         집에서 돌아올 때까지 기다려.(NQE)

❸   When we | got | **back home** last night, we were dead tired.
         우리가 어젯밤 집에 돌아 왔을 때, 우리는 녹초가 되어 있었다.

❺   I | got ‖ her | **back home** quite early.
         나는 | 주었다 ‖ 그녀를 | 아주 일찍 집으로 데려다.

기본형

- ❶ | **Back** here! | 이 뒤로!
- ❶ He | is **back** home.   그는 | 집에 돌아와 있어.

behind~

(pr + 사람·신체)

❸ | Get | **behind me**, Satan!
| 물러가라 | 뒤로, 사탄아.(Mt16:23)

❸ The whole country | got | **behind** the young Olympic runner. 온 나라가 | 응원했다 | 그 젊은 올림픽 주자를.(EPV)

❼ They | get | up to all sorts | **behind** your back.
그들은 네 등 뒤에서 온갖 종류의 반대를 한다.

기본형

❶ Yes, they |'re **behind** you.   그래, 그들은 | 네 뒤에 있어.
❶ We | are **behind** you, man.   우리는 | 너 뒤에 있다. *지지해

(pr + 사물)

❸ I |'ll get | **behind a bush** or something.
나는 | 숨을 거야 | 관목 덤불이나 무언가 뒤에.(Zhi505)

❸ You | should never get | **behind the wheel**. {when} you are drowsy.
졸릴 {때} 너는 운전대를 잡으면 안 된다.

❺ Hey, | get ‖ your ass | **behind the yellow line**.
어이, 황색 선 뒤로 물러나라.(Spe118)

기본형

❶ He | was **behind** the cigar counter.   그는 | 여송연판매대 뒤에 있었어.

below~

(pr + 장소)

❸ We｜'ve got ‖ a lovely country cottage ｜ **below** the lake.
우리는 ｜ 가지고 있어 ‖ 사랑스러운 시골 초가집을 ｜ 호수 아래쪽에.

기본형

❶ A waterfall ｜ is a few miles **below** the bridge.
폭포는 ｜ 다리로부터 수마일 하류에 있어.

between~

(pr + 사람·사물)

[❸] I won't let you [｜ get ｜ **between** me and my career].
나는 네가 [내 캐리어를 망치도록 하게] 하지 않을거야.

❸ A motorcycle ｜ got ｜ **between** my car and my friends.
오토바이가 ｜ 끼어 들었어 ｜ 내 차와 친구 중간에.

〈❺〉 What is it 〈 you ｜ got ‖∩｜ **between** you 〉?
너희들은 어떤 사이이니? *∩ = what

기본형

❶ It ｜ is **between** us now.   그건 ｜ 이제 우리 사이 문제 (싸움) 이야.(BH97)

beyond ~

(pr + 사람)

❸ We | can not get | **beyond him.**
우리는 | 할 수 없다 | 그를 능가.

기본형

❶ The task | is beyond me.   그 일은 | 내가 할 수 없다.

(pr + 사물)

❸ Can we | get | **beyond Mideastern Oil?**
우리는 중동석유 (고갈) 후를 대처할 수 있을까?(NW)

[❸] We have to work together [| to get | **beyond this problem**].
우리 모두 합심 노력해서 [이 문제를 해결해야] 한다.(NQE)

❸ You can't come back {once} you | get | **beyond this river.** 이 강 한번 건너가면 다시 돌아오지 못해.(NQE)

기본형

❶ The disease | is beyond my practice.
그 병은 | 내 능력으로는 고칠 수 없어.(1FT231)
❶ The town | is beyond the river.   마을은 | 강 건너편에 있어.

by ~

(pr + 사람)

❸ Nothing | gets | **by him.**
아무 것도 | 갈 수 없다 | 그 곁을 지나. *그는 모든 것을 안다.

❸   The mistake | got | **by the editor**, but the proofreader caught it.
실수는 | 피해갔다 | 편집자 옆을. 그러나 교정자가 그걸 잡았다.

❺   You | can't get ‖ adult film titles | **by the customs office**.
너는 | 갈 수 없다 ‖ 성인 영화 타이틀도 | 세관을 지나.(NQE) *통과하다.

기본형

> ❶ Gollum | was **by** him.   골룸이 | 그의 곁에 있었다.(2LR267)
> ❶ Is my pair of tens still high?— | **By** me.
> 내 10의 페어가 또 위니?—체크. * '날 지나가라'

(pr + 신체)

❹   I | 've got ‖ it ‖ **by heart**.
나는 | 얻었다 ‖ 그것을 ‖ 가슴으로. *암기하다.

❹   The boy | got ‖ the cat ‖ **by the tail**.
소년이 | 잡았다 ‖ 고양이를 ‖ 꼬리를.

(pr + 물건)

❹   You | can always get ‖ me ‖ **by telephone**.
넌 | 언제든지 연락할 수 있다 ‖ 날 ‖ 전화로. *전화해 달라.

[대화]

A :   ❻ Did you | get | there ‖ **by boat**?
너희는 | 갔니 | 거기에 ‖ 배로?

B :   No, we didn't. We went by plane.
아니, 우리는 비행기로 갔어.(SMV)

(pr + 관념 · 활동)

❷   You | can't get ‖ **by that kind of silly story**.
그런 쑥스러운 이야기로 사람들을 속일 수는 없을 걸.

❻   Did they all | get | punished ‖ **by the principal**?
그들 모두 | 되었니 | 처벌받게 ‖ 교장에게서?

down~

(pr + 장소)

❸ | Get | **down there** now.
| 가라 | 그 아래로 내려.(TS162)

[❸] He had difficulty [| getting | **down** the fire escape].
그는 [화재비상구를 내려가는 데] 어려움을 겪었다.

❺ | Get ‖ him | **down here**.
| 해라 ‖ 그를 | 이 아래에 오게.(DHV112)

❺ | Get ‖ it | **down there**.
| 놓아라 ‖ 그것을 | 거기에 내려.(DHV112)

기본형

❶ Why are you | **down** there? 왜 넌 | 그 아래 있니?(5HP300,36)
❶ Anybody | **down** there? 누구 | 이 아래쪽에 있니?(3HP328)
❶ She | was **down** the stairs. 그녀는 | 계단 아래 있었다.

for~

(pr + 사람)

❺ What | can I | | get ‖ ∨ **for you**?
내가 | 줄까요 ‖ 무엇을 | 당신을 위해.(TEPS)

❺ I | 've got ‖ something | **for you**.
나는 | 가지고 있다 ‖ 무언가 | 널 위해. *줄 것이 있다.

❺ | Get ‖ a taxi | **for me**, please. 택시 좀 불러 주세요.

❺ Go and | get ‖ your daddy | **for me**.
가서 아버지를 내게 데려와요.

❺ Would you | please get ‖ Jiya | **for me**?
지야 좀 바꿔 주시겠어요?(TEPS)

❺　　Would you | get ‖ them | **for me** straight away?
　　　그것들을 즉시 갖다 주시겠어요?

[대화]

A :　What a beautiful ring!　정말 아름다운 반지군요!
B :　Thank you, ❺ my husband | got ‖ it | **for me**.
　　　고마워요. 남편이 사준 거예요.(TEPS)

❺　　He | got ‖ a job | **for us**.
　　　그가 | 줬어 ‖ 일을 | 우리에게.

기본형

> ❶ This book | is **for** you.　　　이 책은 | 너를 위한 것이야.
> ❶ This | is **for** you.　　　　　 이 일은 | 너를 위한 거야.
> ❶ John, it | 's **for** you. It's Jane.　존, | 네 전화야. 제인이야.

(pr + 관념 · 활동)

❹　　I | 'll get | you ‖ **for this** someday.
　　　언젠가는 이 일을 반드시 복수하겠어.

❹　　He | got ‖ six months ‖ **for larceny**.
　　　그녀는 | 받았다 ‖ 6개월 ‖ 절도죄로.

❺　　I | got ‖ it | **for a song**.
　　　나는 | 얻었다 ‖ 그걸 | 노래 한곡 부르고. *헐값에 사다.

[❺]　I'll try [| to get ‖ permission | **for this project**].
　　　나는 [이 계획에 허가를 받아] 낼 것이다.

❻　　I | 'll get | ready ‖ **for work**.
　　　나는 일하러 갈 준비를 해야겠네.

❻　　My mother | is always getting | after me ‖ **for my mistakes**. 내 엄마는 | 항상 하고 있어 | 나를 추궁 ‖ 내 실수에 대해.

❻　　I | 'll get | back at him ‖ **for this**.
　　　난 네게 이 일로 반드시 복수하겠어.

기본형

> ❶ It is | your life | **for** his life,　네 목숨은 | 저를 대신하고,(1Ki20:42)

(pr + 물건 · 장소)

⑤ I | will get ‖ a ticket | **for Los Angeles.**
   제가 | 끊겠습니다 ‖ 차표를 | L.A행.

⑥ Does she | ever get | asked ‖ **for her autograph?.**
   그녀에게 사인이 요청된 적이 있습니까?

기본형

❶ The express | is <u>for</u> Paris only.   그 급행은 | 파리 직행이야.

from~

(pr + 사람)

④ I | got ‖ this car ‖ **from my uncle.**
   나는 | 받았다 ‖ 이 차를 | 삼촌으로부터.

④ I | get ‖ pocket money ‖ **from my father.**
   나는 | 받는다 ‖ 용돈을 ‖ 아버지한테서.

④ My brother | got | a present ‖ **from his girlfriend.**
   내 여동생은 그의 여자친구에게서 선물을 받았다.

④ I will run after him and | get ‖ something ‖ **from him.**
   내가 좇아가서 무엇이든지 그에게서 취하리라(2Ki5:20)

⑤ I | got ‖ a letter | **from her** yesterday.
   나는 어제 그녀로부터 편지를 받았다.

⑤ I | got ‖ a letter | **from my aunt** in London.
   나는 | 받았다 ‖ 편지를 | 런던의 숙모로부터.

⑤ He | got ‖ a telegram | **from my girl friend** last week.
   그는 지난주에 나의 여자친구로부터 한 통의 전보를 받았다.

⑤ I | got ‖ a call | **from Meg** (this morning).
   나는 | 받았다 | 전화를 | (오늘 아침) 멕으로부터.

⑤ Didn't tell you? He | gets ‖ so many calls | **from women.**   내가 말했죠? 그한테 여자 전화 무지하게 온다구.

[❺]   They will try [| to get ‖ a vision | **from the prophet**];
그들이 선지자에게 묵시를 구하나. (Eze7:26)

기본형

- ❶ It | 's **from** my parents.   그건 | 부모님으로부터 온 것이야.
- ❶ The first one (= owl) | was **from** the Ministry of Magic.
  첫 번 부엉이는 | 마법성에서 온 것이다. (5HP29)

(pr + 물건 · 장소)

❹   I | 'm just going to get ‖ the children ‖ **from** school.
나는 학교에 애들을 데리러 가려 해.

❹   She has to go and | get ‖ her child ‖ **from** school.
그녀는 가서 그녀의 애를 학교로부터 데려 와야 했다.

❹   Would you | get ‖ a bottle of beer ‖ **from a refrigerator** for me?
냉장고에서 맥주를 한 병 갖다 주시겠습니까?

❺   He | got ‖ his information | **from the Internet**.
그는 | 얻었다 ‖ 정보를 | 인터넷에서.

❻   You | can't get | there ‖ **from here**.
ⓐ 넌 여간해서 그곳에 갈 수 없다. ⓑ 간단히 해결될 문제가 아니다.

i n ~

(pr + 사람 · 정신)

❸   He was a good guy until the beer | got | **in him**.
그는 맥주가 들어가기까지는 착한 친구였다.

❺ | Get ‖ a couple of beers | **in him** and he'll tell you all about it.
| 먹여라 ‖ 맥주 몇 잔 | 그에게, 그럼 그가 모두 말할 거야. (Ind40)

❺   You | got ‖ something | **in your mind**?
너 | 가지고 있니 ‖ 무언가 | 네 마음속에? *마음에 두는 것이라도 있니?

⑤′ I | got ‖ work 「**in that company** at last.
　　나는 | 얻었다 ‖ 일자리를 「그 회사에 드디어.

기본형

❶ So once some beer | was **in** him, he of course became sad and depressed.　일단 약간의 맥주가 들어가면 그는 슬프고 침울해졌다.
[❶] I'd like to see Mike with [a few beers | **in** him].
　나는 [맥주 몇 잔이 들어간] 마이크를 보고 싶다.
❶ Something | was **in** his mind.　무언가 | 그의 마음속에 있었다.
❶ I | was **in the company** of strangers.　나는 | 모르는 사람들 안에 있었어.

(pr + 신체; arm)

❹　The bullet | got ‖ him ‖ **in the arm**.
　　탄환이 | 맞았다 ‖ 그에게 ‖ 팔에.

(pr + 신체; back)

❺　I |'ve got ‖ a terrible pain | **in my back**.
　　나는 등이 무척 아픕니다.

❺　She |'s got ‖ ants | **in her back** (pants).
　　그녀는 안절부절 못하고 있다.

(pr + 신체; eye)

❸　Smoke | gets | **in your eye**.
　　연기가 | 가린다 | 네 눈을.

(pr + 신체; face)

❹　" | Got ‖ you ‖ **in the face**, did he?"
　　그가 당신을 얼굴을 공격했죠?(6HP203)

❹　The blow | got ‖ him ‖ **in the face**.
　　그 타격이 | 가해졌다 ‖ 그에게 ‖ 얼굴에.

(pr + 신체; hair)

❸　| Don't get | **in my hair**.
　　| 있지 마 | 내 머리칼 속에 들어. *귀찮게 하지 마.

(pr + 신체; hand)

❸ If his letter | got | **in the right hand** in Houston, then maybe it would find the right place in Corumba.
편지가 휴스톤 수신처를 제대로 찾게 된다면, 코럼바도 바르게 찾아갈 거야.(Te420)

(pr + 신체; leg)

❹ The bullet | got ‖ him ‖ **in the leg**.
총알이 그의 다리에 명중했다.

❺ She | 's got ‖ a charely horse | **in her leg**.
그녀는 | 났다 ‖ 쥐가 | 발에.

❺ I jumped up {and} | got ‖ it | **in the leg**.
뛰어오르다가 다리에 그것(총)을 맞았어.

(pr + 신체; neck)

❺ I | 've got ‖ a crick | **in my neck**.
나는 | 나요 ‖ 경련이 | 목에.

❺ Sally got ‖ it | **in the neck** for being late this morning.
샐리는 오늘 아침에 지각해서 되게 야단맞았다.(EID)

(pr + 신체; stomach)

❺ I | 've got ‖ butterflies | **in my stomach**.
나는 | 가지고 있어 ‖ 나비를 | 뱃속에. *가슴이 두근거려

(pr + 신체; throat)

❺ When I asked my girlfriend to marry me, she | got ‖ a lump | **in her throat**.
내가 여자친구에게 나와 결혼하자고 했을 때, 그녀는 목이 메었다.(EID)

기본형

❶ Smoke | is **in your eye**.　　연기가 | 네 눈을 가려.
❶ The gun | was **in his left hand**.　　권총이 | 그의 왼손에 있었다.(Cl18)
[❶] I feel as [if something | were **in my throat**].
난 [목에 뭔가 걸린 것] 같아요.(ECD311)

(pr + 물건)

❸ I | got | **in a taxi.**
나는 | 탔다 | 택시에.

❸ He | got | **in the train.**
그는 | 탔다 | 열차에.

❸ My sister | got | **in the plane.**
내 동생은 비행기를 탔다.

❸ My friend | got | **in his car** and drove directly home.
내 친구는 차를 타고 바로 집으로 몰고 갔다.

❸ I|'m a little down | **in the dumps.**
나는 약간 울적해 (쓰레기더미 속에 있는 것처럼).

❺ I | got ‖ him | **in my car.**
난 | 태웠다 ‖ 그를 | 내 소형차에.

❺ What have | you got | ∨ | **in that bag?**
너는 | 가지고 있니 ‖ 무엇을 | 그 백에?

기본형

❶ He | is **in** the car. 그는 | (소형) 차 안에 타 있어.
❶ Her watch | was **in** a bag. 그녀의 시계는 | 가방 안에 있었다.(Pel432)
❶ I|'m **in** the dumps. 난 | 쓰레기더미 안에 있어.*우울해

(pr + 관념 · 활동)

❸ | Get | **in shape.**
| 만들라 | 몸매 (건강상태)를.

❸ He | had gotten | **in a mess.**
그는 | 되었다 | 일이 꼬이게.

❸ I|'ll get | **in touch** (with you by the telephone tomorrow).
나 | 할께 | 접촉을 (너와 전화로 내일).(EJD)

[❸] Let's [| get | **in touch**].
우리 [연락하기로] 합시다.(TEPS)

❸ You|'re going to get | **in trouble.**
너는 | 될 거야 | 곤경에 처하게. (너 혼날거야)

❸ She | gets | **in trouble.**
그녀는 | 처했어 | 곤경에.(Pt112)

❺ We | got ‖ the suspect | **in custody.**
우리는 | 두고 있어 ‖ 용의자를 | 구금해.

❺ Repeated loans from the finance company | got ‖ me | deeper **in debt.**
금융회사의 계속된 대출이 | 했다 ‖ 나를 | 빚에 깊이 빠지게.

❺ | Get ‖ me | **in the game.**
| 끼워 줘 ‖ 날 | 그 게임에.(Deer Hunter)

❺ | Get ‖ your priorities | **in order.**
너의 우선 순위를 정해라.

❺ Are you | get ‖ us | **in trouble?**
너는 | 하려니 ‖ 우리를 | 곤경에 처하게?

❺ What are you | getting ‖ me | **in trouble** (for ∨)?
너는 | 하려니 ‖ 나를 | 곤경에 처하게 (무엇 때문에)? (Champ)

「❺´ He | got ‖ a start 「**in business** when he was only ten.
그는 열 살이었을 때 이미 사업의 첫발을 내디뎠다.

「❺´ He | got ‖ the first prize 「**in the race.**
그는 경주에서 1등상을 탔다.

❻ How did you | get | on ‖ **in your exam?**
너 시험 성적은 어땠니?

❻ Bill | is getting | off on the wrong foot ‖ **in geometry.**
빌은 기하학에서 시작이 좋지 못하다.

❼ I | got | here | all **in one piece.**
나는 | 왔어 | 여기에 | 온전한 몸으로 (무사히).

❼ He | 's getting | on quite well | **in his business.**
그의 사업은 꽤나 번창하고 있다.

❼ We | got | caught | **in a traffic jam.**
우리는 교통 체증으로 꼼짝 못하게 되었다.

기본형

❶ What business are you | in ∨?   무슨 사업에 너 | ∨ 종사해?
❶ Their clients | were heavily in debt (with no relief in sight).
    고객들은 | 심히 빚졌어 (구제방법은 보이지 않은 채).(Te178)
❶ He | was in custody (in Puerto Rico).
    그는 | 구금상태야 (푸에르토 리코에서).(Pt54)
❶ We | certainly are in a mess.   우리는 | 일이 꼬였다.
[❶] I hear [congratulations | are in order].
    나는 [축하할 일이 생겼다고] 듣고 있었다.(ECD44)
❶ Relax, I | 'm still in one piece.   안심해, 난 | 아직 완전해 *무사해.(Te370)
❶ I | 'm in perfect shape.   난 | 완벽한 건강상태야.
❶ I | 'll be in touch.   내가 | 연락할께.(Pt50)
❶ I | 'm in trouble.   나는 | 곤경에 처해 있어.

(pr + 장소)

❸ | Please get | **in the back.**
    | 앉아 주세요 | 뒤 좌석에.

❸   Well, | get | **in line.**
    그럼, | 서라 | 줄에.(NF14)

❸   You | will not get | **in here.**
    네가 이리로 들어오지 못하리라.(2Sa5:6)

❸ | Get | **in there** {and} fight.
    링에 들어가서 싸워.(The Champ)

❺   Pet, | get ‖ him | **in the house.**
    페트, 그 애를 집안으로 데리고 들어가요.(LOF74)

❺   You | should get | **in the house**, son.
    너 집안으로 들어가야 해, 아들아.(FW18)

❺   He | got ‖ the key | **in the keyhole.**
    그는 | 두었다 ‖ 열쇠를 | 열쇠 구멍에 꽂아.

❺   I | cannot get ‖ the key | **in the hole.**
    열쇠가 구멍에 맞지 않는다.

[❺]   I think [I | got ‖ my foot | **in the door**].
    난 [내 발이 문 안에 있다(시작이다)]고 생각해.

- ⑤ We | got ‖ any horse owners | **in this line.**
  우리는 | 세워 ‖ 말의 주인들을 | 이 줄에.(The Champ)
- ⌜⑤′ He | got ‖ two years ⌜**in jail.**
  그는 2년형을 선고받았다.
- ⌜⑤′ He | got ‖ a year ⌜**in prison** (for robbery).
  그는 금고 2년형을 선고받았다.
- ⌜⑤′ We | got ‖ several salmon ⌜**in the river.**
  우리는 강에서 연어를 몇 마리 잡았다.
- ⑦ Mr. Rich | has got | **on** | **in the world.**
  리치 씨는 출세하게 되었다.
- ⑦ More than 100,000 people | got | together | **in Central Park.**   10만 이상 군중이 센터럴 파크에 함께 모였다.
- ⑦ My shoes | got | dirty | **in the mud.**
  구두가 진창에서 더러워졌다.
- ⑦ The car | got | stuck | **in the mud.**
  차가 진흙 속에 처박혔다.
- ⑦ His fingers | got | caught | **in the door.**
  그녀의 손가락이 문에 끼게 되었다. ☞ catch

기본형

- ❶ He | is not **in** here.   그는 | 여기에 없어.(RAD)
- ❶ Why isn't he | **in** jail?   왜 그는 | 투옥되지 않니?(GG74)
- ❶ You | are **in** the wrong line.   넌 | 줄 잘못 섰어.(Champ)
- ❶ You | 'd all be **in** prison.   너희 | 모두 투옥되었을 걸.(Fm256)
- ❶ They | 're **in** there.   그들은 | 그 안에 있어.(Fm162)
- ❶ My foot | is **in** the door.   내 발이 | 문 안에 있다. *시작이다.
- ❶ His fingers | were **in** the door for a few minutes.
  그의 손가락들이 | 몇 분간 문에 끼어 있었다.

(pr + way)

- ❸ He | is always getting | **in my way.**
  그는 | 항상 방해 돼 | 내 길에.(TEPS)

[❸] I'm not going to let anything [| get | **in my way**].
나는 내 방식에 어떠한 방해도 받지 않을 거야.

[❸] I think [Jane's ego | is getting | **in the way of her own success**.
[제인의 자아는 그녀 자신의 성공에 방해가 되고 있다고] 생각해.(EID)

❼ People said that if he | went | on | **in that way**, he would lose her.
사람들은 [그가 그런 식으로 계속하면, 그녀를 잃을 것이라고] 말했다.

기본형

❶ He | was <u>in the way</u>.   그는 | 길에 있어. *방해가 돼.
[❶] I hope [I | 'm not <u>in the way</u>].   나는 바래 [내가 | 방해 안 되기를].

(pr + 시간)

「❺' I | got ‖ to the office 「**in time**.
나는 | 도착했어 ‖ 사무실에 「정시에.

「❺' We | just got ‖ to the station 「**in time**.
우리는 시간 내에 역에 도착했다.(TEPS)

❻ If she | is getting | along ‖ **in years**,
자기 딸의 혼기도 지나고(1Co7:36)

❼ I | got | out | just **in time**.
난 시간에 맞게 나가게 되었다.

❼ Don't worry, stan | will get | here | **in time**.
염려마, 스탠은 | 올거야 | 여기 | 제시간에.(TEPS)

기본형

❶ We | are just <u>in time</u>.   우리는 | 시간에 맞게 대 왔어.

(pr + life)

❹ I | got ‖ a new start ‖ **in life** after I quit smoking.
담배를 끊고 난 후에 새로운 삶이 시작되었다.

⑥　He | 'll get | far ‖ **in life**.
　　그는 출세할 것이다.

[⑥]　Everyone want [| to get | ahead ‖ **in life**].
　　누구든지 [(인생에서) 앞서기를] 원한다. ☞ ahead in life

[⑥]　A good education is one way [| to get | ahead ‖ **in life**].
　　인생에서 발전할 수 있는 한 가지 방법은 훌륭한 교육을 받는 것이다.

[⑥]　I'd like to see anyone of you [| to get | **on** ‖ **in life**].
　　난 [너희들이 출세하는 것을] 보고 싶구나. ☞ on in life

into ~

(pr + 사람)

❸　What | has got | **into you** today?
　　너 오늘 무엇에 홀렸니?

[❸]　I can't understand [what | has got | **into the child**].
　　난 [그 아이가 왜 그렇게 되었는지] 알 수가 없다.

❸　Something | got | **into him**.
　　무언가 | 갔어 | 그에게 들어.

❺　You | got ‖ something | **into him**.
　　네가 | 넣었어 ‖ 무엇가 | 그에게 씌어.

기본형

❶　What | was into him.　　　무엇이 | 그에게 들어갔니?

(pr + 조직)

❷　I | 'd like to get ‖ **into your club**.
　　저는 당신 클럽에 참가하고 싶습니다.

[❷]　I was working hard [| to get ‖ **into Cambridge**].
　　[캠브리지 대학에 들어가려고] 열심히 공부하고 있었다.

(pr + 착용물)

❷ Hurry up and | get ‖ **into** your dress.
빨리 옷을 입어라.

❷ He | got ‖ **into** his overcoat.
그는 코트를 입었다.

❷ I | can't get ‖ **into** these shoes.
이 신발은 작아서 신을 수가 없다.

(pr + 운송수단)

❷ King Arthur | got ‖ **into** the boat.
아더 왕이 | 들어갔다 | 배 안에.(KA78)

[❷] Immediately Jesus made the disciples [| get ‖ **into** the boat]. 예수께서 즉시 제자들을 재촉하사 [배에 타게] 하시고(Mt14:22)

❷ Jiya | sadly got ‖ **into** the bus.
지야는 | 슬퍼하면서 올랐다 ‖ 버스에.

❷ | Get ‖ **into** the car.
| 타라 | 차 (안) 에

❷ My aunt and I | got ‖ **into** Tom's car.
숙모와 나는 톰의 차에 탔다.

❷ Daddy fastens his seat belt whenever he | gets | **into** the car. 아빠는 차를 타면 좌석 벨트를 매신다.

❷ We | got ‖ **into** an elevator and went up to the Seventh floor. 우리는 승강기에 타서 7층으로 올라갔다.

❷ Then he | got ‖ **into** his chariot and rode to Jezreel,
예후가 병거를 타고 이스르엘로 가니(2Ki9:16)

(pr + 기타 물건)

❷ We | got ‖ **into** a traffic jam.
우리는 교통체증에 걸렸다.

❷ He | got ‖ **into** drugs {and} ruined his life.
그는 마약에 손을 대어 신세를 망쳤다.

❹ I | can't get ‖ all these books ‖ **into** the bag.
나는 | 넣을 수 없다 ‖ 이 책 모두를 | 그 가방 속에.

(pr + 관념 · 활동; 홀수형)

❸ You | really get | **into** it.
　너 | 정말로 들어가 있군 | 거기에.

❸ We | haven't gotten | **into** that yet.
　우리 | 들어가지 못했어 | 거기까지 아직.(GWH108)

❸ When did you | get **into** relaxation?
　넌 언제 취미 활동에 관심을 갖게 되었니?

❸ She | got | **into** gourmet cooking.
　그녀는 | 되었다 | 요리 만들기에 흥미를 갖게.

❺ You | got ‖ us | **into** this.　네가 | 끌어넣었어 ‖ 우릴 | 이것에.

❼ They | got | **into** a fight | with each other | in the field.　저희가 들에서 싸웠다.(2Sa14:6)

❼ We|'re getting | deeper | **into** this.
　우린 문제가 점점 더 커지고 있다.(FW20)

기본형

❶ You | are totally **into** it.　너는 | 그것에 푹 빠졌구나.
❶ What are you | **into**, Jesse?　너 | 무엇 좋아하니, 제시?(FW10)
❶ I|'m really **into** fitness.　난 | 헬스 하는 것 정말 좋아해.
❶ They | got | **into** a fight.　그들은 | 되었다 | 싸움에 들게.

(pr + 관념 · 활동; 짝수형)

❷ We | got ‖ **into** a traffic jam.
　우리는 | 걸렸다 | 교통체증에.

❷ They | get ‖ **into** the habit of being idle.
　저희가 게으름을 익혀(1Ti5:13)

❷ She | has gotten ‖ **into** the habit of picking her nose.
　그녀는 콧구멍을 파내는 버릇이 생겼다.

[❷] He was eager [‖ to get ‖ **into** politics].
　그는 [정치에 관여하기를] 열망한다.

❷ The children | are always getting ‖ **into** trouble.
　아이들은 언제나 말썽을 일으킨다.

[❹]　I don't want ‖ [I to get ‖ you ‖ **into** trouble].
　　나는 [너를 곤경으로 처하게 되기를] 원치 않아.

(pr + 장소)

❷　I ｜ could not get ‖ **into** the room.
　　나는 ｜ 갈 수 없었다 ‖ 그 방에 들어.

❷　I ｜ don't get ‖ **into** town very often.
　　나는 ｜ 가지 않아 ‖ 읍에 매우 자주는.

[❷]　Stop [I getting ‖ **into** the way].
　　그만 해라 [I 방해하는 것을 ‖ 내 길에서].

❷　The children ｜ got ‖ **into** the church.
　　아이들은 교회로 들어갔다.

❹　｜ Get ‖ your car ‖ **into** the garage.
　　｜ 넣어라 ‖ 네 차를 ‖ 차고에.

o f ~

(pr + 사람 · 신체)

❹　I ｜ finally got ‖ hold ‖ **of** him (at his office).
　　나는 그를 겨우 잡았다 (사무실에서).

❹　｜ Get ｜ hold ‖ **of** my arm.
　　내 팔을 잡아라.

[❻]　And now do they want [I to get ｜ rid ‖ **of** us quietly]?
　　이제는 가만히 우리를 내어보내고자 하느냐.(Ac16:37)

[❻]　I'm glad [I to get ｜ rid ‖ **of** that troublesome fellow].
　　나는 [그 말썽 많은 작자가 손을 끊어] 반갑다.

축소형

[❷] I thought [I ｜ was rid ‖ **of** them].　난 [내가 그들을 제거했다고] 생각했다.

수동형

❷ He | was gotten ‖ hold (‖) **of** (by me). 그가 잡혔다 (내게).

(pr + 물건)

❹ I | | finally got | hold ‖ **of an old picture.**
난 옛날 그림을 겨우 찾아내 입수했다.

❺ I |'m getting | sick ‖ **of this.**
나는 이것이 몹시 싫어져 가요.

❻ I | am going to get | rid ‖ **of my old car.**
나는 낡은 차를 처분하려고 한다.

[대화]

A : Do you still have your old bicycle?
아직도 그 고물 자전거를 가지고 계세요?

B : No, ❻ I | | got | rid ‖ **of it.**
아니오, 처분했어요.(SMV)

축소형

❸ I |'m sick ‖ **of this.** 나는 이것이 몹시 싫어요.

(pr + 관념 · 활동)

❹ Cunning | often get | the better ‖ **of honesty.**
교활은 종종 정직을 이긴다.

❻ | Get | rid ‖ **of all bitterness, rage and anger, brawling and slander.**
모든 악독과 노함과 분냄과 떠드는 것과 훼방하는 것을 버리고(Ep4:31)

[❻] Once you get cold, it is hard [| to get | rid ‖ **of it**].
한 번 감기에 걸리면 좀처럼 고쳐지지 않지. ☞ 동사 rid

축소형

❸ She | was rid ‖ **of the disease.** 그녀는 병에서 벗어났다.

off ~

(pr + 사람)

❸ | Get | **off me**.
| 해라 | 내게서 떨어지도록. *내게서 떨어져.

❺ | Get ‖ your hands | **off me**.
| 해라 ‖ 네 손을 | 내게서. *내 몸에서 손 떼요.

❺ | I | got ‖ the car | **off a friend**.
나는 | 얻었다 (샀다) ‖ 그 차를 | 친구에게서.

기본형

❶ Nobert | was **off** them.   노버트는 | 그들에게서 떠났다.(1HP241)
❶ Hands | **off** me!   손 | 내게서 떼요.

(pr + 신체)

❸ | Get | **off my back**.
| 떨어져 | 내 등에서. *날 내버려 둬.

❸ Would you | get | **off my foot**?
(지하철 안에서) 내 발 좀 밟지 말아요.(IHY94)

[❺] I'm glad [that the boss | got ‖ that project | **off my back**]. 나는 [사장이 그 프로젝트로 날 더 이상 괴롭히지 않아] 좋다.

❺ | Get ‖ it | **off your chest**.
| 해라 ‖ 그걸 | 가슴에서 떼도록. *고백해라, 털어놓아라.

❺ | Get ‖ that worried look | **off you face**.
| 해라 ‖ 근심스러운 표정 | 얼굴에서 지우도록.(Dis85)

❺ | I | can't get ‖ this ring | **off my finger**!
반지가 손가락에서 빠지지 않는다.

❺ | I | got ‖ the problem | **off my heart**.
나는 | 되었다 ‖ 문제를 | 마음에서 털어놓게.

[❺] It'll help you [| get ‖ stains | **off your skin**].
피부에 묻은 얼룩 제거에 도움이 될 거야.(NQE)

기본형

❶ He | is off his feet and holding onto the ball.
그는 | 발을 떼서 그 볼에 달려들었다.
❶ The responsibility | 's off my shoulder. 책임은 | 내게서 벗어나 있어.

(pr + 운송수단)

❸ | Get | off the bus.
| 내려라 | 버스에서.

❸ Be careful as you | get | off the bus.
버스에서 내릴 때는 조심하라.

❸ He | got | off the bus {and} took the subway.
그는 버스에서 내려 지하철을 탔다.

❸ He | got | off his horse.
그는 | 내렸어 | 말에서.(KA3)

❸ | Get | off your high horse.
오만한 태도를 버려라.

기본형

❶ | Off the bus. | 버스에서 내려라.

(pr + 물건)

❸ | Get | off those apples!
| 해라 | 저 사과에 손대지 말도록!

❺ | Get ‖ your dirty hands | off that book!
| 해라 ‖ 너 더러운 손들을 | 그 책에서 떼도록!

❺ The attorney | got ‖ the defendant | off the hook.
변호사가 | 해줬다 ‖ 피고인을 | 처벌을 면하게.

기본형

❶ You | 're off the hook. 넌 | 할 일 면제야.
❶ He | was off his rocker. 그는 | 흔들의자에서 떨어졌다. *그는 | 미쳤다.(5HP71)

(pr + 관념 · 활동)

❸ | Get | **off it**!
그만둬! 바보같이! 그런 식으로 말하지 마라!

❸ Oh! | Get | **off it**! You sound so conceited!
오, 제발 그런 소리 그만둬! 너는 너무 잘난 체 하는구나!

❸ You | 're getting | **off the point** again, Jack.
넌 또 핵심을 벗어나고 있어. 잭. (NQE)

기본형

❶ She | 's <u>off</u> limits! 그녀는 | 한계 밖이다! *딴마음 품지 마.
❶ All that | is <u>off</u> the point. 모든 것은 | 핵심에 벗어나 있다.

(pr + 장소)

❸ | | got | **off the bed** and opened the door.
나는 침대에서 빠져나와 문을 열었다.

❸ | Get | **off the grass**!
잔디밭에 들어가지 마시오!

❸ | Get | **off the roof** and came down here this minute!
지금 당장 지붕에서 내려와서 이리 와!

❸ Leave this way, | get | **off this path**,
정로를 버리고 첩경에서 돌이키라. (Is30:11)

❸ | Get | **off the street**.
| 꺼져라 | 시내에서. (OUTA)

[❸] I told them [| to get | **off the university playing fields**].
나는 그들에게 대학교 운동장에서 놀지 말라고 말했다.

❺ | | 'll be able to get || this project | **off the ground** (with your help).
나는 그 프로젝트를 시작할 수 있어 (네 도움이 있어야). (EID)

기본형

❶ | <u>Off</u> the platform. | 플랫폼에서 내려와.
❶ The dew | was <u>off</u> the grass now. 이슬이 | 잔디에서 사라졌다. (CN286)

❶ You | are off course.   너는 | 코스에서 벗어나 있다. *(말이) 빗나가고 있다.
❶ We | are off the men's track.   우리는 | 그 사람들의 발자국을 놓쳤다.

(pr + 대명사)

[❸] Let me [| get | **off here**], please.
　　날 [여기서 내리게] 해 줘요. *여기서 세워주세요.

❸ **Where** do」I | get | **off** ∨?
　　어디서 내리면 돼요?

❸ **Where** should I | get | **off** ∨ to go to city hall?
　　시청에 가려면 어디서 내려야 되죠?

⟨❸⟩ Stop the bus! This is **where** ⟨ I | get | **off** ∨⟩!
　　버스를 멈춰요! 여기서 내려야 해요!

❸ **Where** do (you think) you | get | **off** ∨?
　　도대체 무얼 (생각) 하고 있는 거야?, 마음대로 해!

[❸] If that guy starts ordering me about, I'll tell him [**where** he | gets | **off** ∨].
　　그녀석이 이래라 저래라 내게 명령을 내리기 시작하면 나도 가만히 있지 않겠다.

기본형

❶ | Off here. | 여기서 내려.

(pr + track)

❸ Why do you work so much? | Get | **off the fast track**.
　　왜 그토록 일만 하나? 무리하지 말라구.

❸ Why do you work so much? Why don't you | get | **off the fast track**, and relax a little?
　　왜 그토록 일만 하나? 무리하지 말고 좀 쉬도록 해.

[❸] They say we Koreans work too hard, but we sometimes need [| to get | **off the fast track**].
　　한국인들은 일을 너무 많이 한다는 말을 많이 듣는데, [무리하지 말아야] 지.

기본형

❶ We | are **off** the men's track.   우리는 | 그 사람들의 발자국을 놓쳤다.

on~

(pr + 사람 · 조직)

❸ I | didn't get | **on Cathy** last night.
난 어젯밤 캐시랑 자지 않았어.(GWH13)

❸ My mother | really got | **on me** for coming home late last night.
어젯밤 늦게 들어갔다가 엄마에게 호되게 당했다.

❸ She|'s getting | **on the board of directors** next year.
그녀는 내년에 이사가 된다더군.(NQE)

❺ I | got ‖ my eyes | **on you**.
나는 | 두었다 ‖ 눈을 | 네게. *너를 지켜보아 왔어.

❺ I | got (or had) ‖ a crush | **on her** at first sight.
나는 첫눈에 그녀에게 반했어.

❺ | Get ‖ a grip | **on yourself**.
| 해라 ‖ 통제를 | 자신에게.(TR) *제대로 해라.

❺ I won't stop until I | get ‖ my revenge | **on you**.
내가 너희에게 원수를 갚은 뒤 말리라.(Jdg15:7)

[❺] I'll hate to have him [| get ‖ anything | **on me**].
난 그가 [내 약점을 알아낼까봐] 두려워.(GG46)

[❺] Stop trying [| to get ‖ something | **on her**].
[그녀에게 피해를 줄만한 것을 찾으려고] 노력하지마.(EID)

기본형

❶ He | was **on her** in an instant.   그는 | 순식간에 그녀를 덮쳤다.(VR39)
❶ All eyes | were **on him**.   모든 눈이 | 그에게 있었다.(5HP139)

❶ Soon the iron grip of merciless hands | was **on** him again.
  곧 무자비한 손이 강철같이 그를 꽉 붙잡았어.(2LR49)
❶ My mind | was **on** the girl. 내 마음은 | 그 소녀에게 있었어.
❶ Something | is **on** him. 무언가 | 그에게 있다.

(pr + 신체; arm)

❹ The ball | got ‖ the batter ‖ **on the arm.**
  그 공은 | 맞았다 ‖ 타자에게 ‖ 팔에.

(pr + 신체; back)

❺ I | 've got ‖ a monkey | **on my back.**
  난 | 있다 ‖ 원숭이가 | 내 등에. *버리지 못하는 습관이 있다.

(pr + 신체; body)

❺ He | finally got ‖ all his clothes | **on the right parts of his body.** 그는 | 결국 됐다 ‖ 모든 옷을 | 제대로 몸에 입게.(4HP205)

(pr + 신체; chin)

❹ She | got ‖ him ‖ **on the chin.**
  그녀는 | 쳤다 ‖ 그를 ‖ 턱을.

(pr + 신체; foot)

❸ | Get | **on your feet.**
  | 일어나 | 네 발로. *자립해라.

❺ They | got ‖ him | **on his feet.**
  그들은 | 했다 ‖ 그를 | 제 발로 서게.

(pr + 신체; head)

❹ He | got ‖ a blow ‖ **on the head.**
  그는 머리를 한대 맞았다.

❺ Ouch! Ah, I | 've got ‖ a lump | **on my head.**
  아야! 어휴 머리에 혹이 생겼네.

(pr + 신체; leg)

❹ He | got ‖ the fox ‖ **on the leg** (with a rock).
  그는 | 잡았다 ‖ 여우를 ‖ (돌로) 다리를 맞춰.

(pr + 신체; knee)

❺ They | got ‖ him | **on his knees**.
그들은 | 했다 ‖ 그를 | 양 무릎을 꿇게.

(pr + 신체; nerve)

❸ He | gets | **on my nerves**.
그는 | 건드리고 있어 | 내 신경을.

❸ I don't like jazz, it | gets | **on my nerves**.
나는 재즈를 좋아하지 않는다. 그 음악은 내 신경을 건드린다.

❸ My wife's complaining | really gets | **on my nerves**.
아내의 불평은 정말로 나를 짜증나게 한다.

(pr + 신체; shoulder)

❺ He | 's got ‖ a chip | **on his shoulder**.
그는 | 달았다 ‖ 칩을 | 어깨에. *거만하다.

(pr + 신체; toe)

[❺] I see this as a chance [| to get ‖ my people | **on their toe** again].
난 이것이 [요원들을 다시 긴장시키는] 좋은 기회라고 봐.(GT104)

기본형

❶ They | were **on their back**.   그들은 | 등을 바닥에 대고 누워 있었다.(1LR159)
❶ | **On your feet**! | 너의 발로 일어서라.(Mk10:49)
❶ Harry | was **on his feet**, (ready).   해리는 | 섰어, (준비된 상태로).(2HP320).
❶ **On their heads** were circlets.   그들 머리에 꽂혀 있었다 장식핀들이.(1LR159)
❶ I | am **on my knees**.   나는 | 무릎꿇고 있다.(WS)
❶ He | is **on my nerve**.   그는 | 내 신경을 건드린다.
❶ Cho's head | was **on Hermoine's shoulder**.
조의 머리는 | 허마니의 어깨에 놓여있었다.(4HP434)
❶ Everyone, | **on your toes**! The enemy is attacking!
모두들, 경계! 적이 다가오고 있다!(EID)

(pr + 운송수단)

❸ | Get | **on the bus**!
| 타라 | 버스에.

❸ We | got | **on a sightseeing bus.**
  우리는 관광버스를 탔다.

[❸] Passengers don't have to pay [| to get | **on the shuttle buses**]. 승객들은 [환승버스를 타기 위해] 요금을 지불할 필요가 없다.(TEPS)

❸ They | had better get | **on the train.**
  그들은 열차를 타는 게 좋을 거다.

❸ If you're going to Busan, | get | **on this train.**
  부산에 가려면 이 기차를 타라.

❸ She | got | **on her black horse.**
  그녀는 | 있었다 | 그녀의 흑마에 타고.(KA12)

❸ Abigail | quickly got | **on a donkey.**
  아비가일이 급히 나귀를 타고.(Sa25:42)

❺ He | got ‖ her | **on the plane.**
  그는 | 했다 ‖ 그녀를 | 비행기에 타게.

❼ He | got | off | **on the noon train.**
  그는 정오 열차로 출발했다.

[❼] The rest were [| to get | there | **on planks** or **on pieces of the ship**].
  그 남은 사람들은 [널조각 혹은 배물건에 의지하여 나가게] 하니(Ac27:44)

기본형

❶ He | is **on** the bus.   그는 | 버스 (대형차) 안에 (타 있어).
❶ They | are **on** the train (from Moscow).
  그들은 | 기차로 오는 중이야 (모스크바에서).(Zhi)
❶ She | is **on** board (of) the ship. 그녀는 | 그 배에 타고 있어.
❶ You |'re **on** your brother's horse today. 넌 | 형의 말을 타고 있구나 오늘.(SM26)

(pr + 통신수단)

❸ He | got | **on the phone.**
  그는 | 되었다 | 전화하게.

❺ I |'ve got ‖ someone | **on another line.**
  또 다른 전화가 왔군요.(ECD651)

❺ I│'ll get ‖ her │ **on** the phone.
　내가│연락할게‖그녀에게│전화로.

❺ I│can't get ‖ him │ **on** the phone.
　나는│연락할 수 없다‖그이하고│전화로.

❺ │ Please get ‖ your sister │ **on** the phone at once.
　네 여동생을 곧 전화 받게 불러 주세요.

❺ We │ got ‖ a bill for $49 │ **on** that phone call!
　우리는│받았다‖49불 청구서를│전화 한 통화로.

❺ You │ can always get ‖ me │ **on** the telephone.
　전화로 언제든지 연락해주십시오.

❺ He │ couldn't get ‖ Laura │ **on** the telephone.
　그는│할 수 없었어‖로라와│통화를.(Pops)

❺ You │ can get ‖ Seoul │ **on** the radio.
　라디오로 서울의 방송을 들을 수 있습니다.

❺ Can you │ get ‖ Sydney │ **on** that radio?
　그 라디오로 시드니가 잡히니?

❺ I│'ve got ‖ something │ **on** radar.
　레이다에 뭔가 잡혔어요.(Ind206)

[❺] Let's see [what you │ really got ‖ ∨ │ **on** that tape].
　[그 테이프에 정말 무엇이 들어 있는지] 보자.(DG75)

❼ I│can't get │ at him │ **on** the phone.
　나는 전화로 그에게 접근 할 수 없었어.

[대화]

A : Will you │ get ‖ Mr. Park │ **on** the phone?
　박씨에게 전화 좀 걸어 주시겠어요?

B : I've already tried, but I can't get through. The line is busy.　벌써 해봤지만 안 걸려요. 통화중이에요.(SMV)

기본형

❶ He │ is **on** the telephone (to her).　　그는│전화 중이야 (그녀에게).
❶ She │ is **on** another line.　　그녀는│다른 전화 받고 있어.
❶ What's **on** that tape?　　테잎에│무엇이 들어있니.(DG75)

(pr + 물건)

❸ May I | get | **on the computer**?
나 | 써도 되니 | 컴퓨터?

❸ | Get | **on it** (= the dial), will ya?
(금고 다이얼에) 바짝 붙어 열어봐.(FND42)

❸ They | got (a lot more) | **on the ball**.
그들은 | 있다 (더 많이) | 볼에 붙어. *빈틈없다.(RH33)

❸ Then he | got | **on the bed**.
엘리야가 침상에 올라(2Ki4:34)

[❺] We're trying [| to keep ‖ him | **on the ball**].
우리는 [그가 계속 볼에 붙어있도록] 하고 있다. *집중하다

❺ | Got ‖ him | **on the bed**.
뉘여요 ‖ 그를 | 침대에.(GWW164)

❼ | Do not get | drunk | **on** wine, which leads to debauchery. 술 취하지 말라 이는 방탕한 것이니(Ep5:18)

기본형

❶ She | is **on** the bed.   그녀는 | 침대 (표면) 에 누워 있어.
❶ I | 'm **on** the ball.   나는 | 볼에 붙어 있다. *일에 집중하다.
❶ You | 're **on** the ball.   넌 | 볼에 붙었군.(ECD52) *빈틈없다.
❶ I | 'm **on** the bottle.   난 | 술이라면 사족을 못써요.(ECD454)

(pr + 관념 · 활동)

❸ | Get | **on the beat**.
| 맞춰라 | 박자에.(MHO)

❸ I | 'll get | **on her case** right away.
나는 그 여자에게 곧 불평을 할 거야.

❸ He | 'll get | **on the program**.
그는 | 행동할 거야 | 계획대로.(Dis86)

[❸] I'm dying [| to get | **on that talk show**].
나는 [저 대담 프로 나가면] 얼마나 좋을까.(NQE)

❸ I | 'll get | right **on it**.
난 | 착수할거야 | 그것에 곧.(Johney & Clyde; J&C)

⑤ You | got ‖ him | **on the move.**
　　너는 | 잡아라 ‖ 그를 | 이동중인.(The Pagemaster)

⑥ I | got ‖ this fountain pen | **on sale.**
　　나는 | 샀다 ‖ 이 만년필을 | 세일에서.

⑥ Mary | is going to get | a break | **on her school tuition this year.**　　메어리는 올해 수업료를 지불하지 않는 행운을 가질 것이다.

⑥ I|'ve got ‖ my best men | **on it.**
　　나는 최정예 요원을 그것에 배치해 놓았어.(J&C)

⑥ Can I | get ‖ a refund | **on this?**
　　내가 | 받을 수 있습니까 ‖ 환불 | 이것에?

⑦ He | can get | by | **on a small income.**
　　그는 적은 봉급으로 생활할 수 없다.

⑦ The committee | finally got | together | **on its proposals.**　위원회는 그 제안에 대하여 결국 의견이 일치했다.

⑦ | Get | going [or moving, weaving] | **on your work.**
　　빨리 일을 시작하시오.

⑦ | Get | back to me | **on this.**　이것에 대해 보고하시오.

⑦ I|'ll get | busy | **on it.**　　내가 그 일을 곧 시작할 거야.

[대화]
A : How are you | getting | **on your job?** 　사업은 잘 되어가니?
B : Fine, thank you. 　좋아, 고마워.

기본형

❶ He | was **on an interview** for another part-time job.
　　그는 | 비정규직 일의 인터뷰를 했다.
❶ They are still **on the job.**　　그들은 | 아직 일하고 있어.
❶ We | are **on the move.**　　우리는 | 곧 움직여, 출발해.
❶ This dress | is **on sale now.**　　이 옷은 | 지금 할인 판매 중이야.
❶ I | am **on salary.**　　난 | 봉급생활자이다.
❶ I | am **on it.**　　내게 맡겨. 그걸 하고 있어. 내가 간다.
❶ What are you | **on** ∨?　　너는 | 무엇을 하고 있니?

(pr + 장소)

[❸] I'm really anxious [| to get | **on the road**].
나는 정말로 원해 [길에서 출발하기를].(Marvins Room)

❺ | Get ‖ the crew | **on deck!**
| 모아라 ‖ 승무원들 전원 | 갑판 위로!(Sho23)

❺ I | can't get ‖ the ball | **on the green.**
나는 | 할 수 없다 ‖ 볼을 | 그린에 붙게.(ECD1093)

⌜❺′⌝ | Get ‖ it ⌜**on your way**⌝ 〈 out 〉.
| 가져가라 ‖ 그것을 ⌜나가는 길에.⌝(BI)

⌜❺′⌝ I | 'll get ‖ it ⌜**on my way**⌝ 〈 back 〉.
나는 돌아가는 길에 그걸 가져갈 거야.(KA8)

❼ I'm sorry I'm late. I | got | lost | **on my way** 〈 here 〉.
늦어서 미안합니다. 여기 오는 길에 길을 잃었습니다.

❼ The girl | got | hurt | **on her way** 〈 home from work 〉.
그 소녀는 일을 마치고 집으로 오다가 다쳤다.

기본형

❶ All hands | on the deck!   전원 | 갑판으로!(Sho21)
❶ He | was on his way.   그는 | 도중에 있었다.

(pr + 시간)

❸ He | got | **on time.**
그는 | 왔다 | 정시에.

[⌜❺′⌝] We have to hurry up [| to get ‖ to the meeting ⌜**on time** ⌝].
[정시에 모임에 도착하기 위하여] 우리는 서둘러야 한다.

❼ The boat | got | in | **on time.**
배는 | 되었다 | 입항하게 | 정각에.

❼ I | just got | home | **on time.**
나는 | 바로 도착했다 | 집에 | 제 시간에.

[❼] Do you want ‖[| to get | here | **on time**]?
당신은 [여기에 정각에 도착하기를] 원하십니까?

❼ We | didn't get | out of the meeting | **on time.**
우리는 회의장을 정각에 벗어나지 못했다.

기본형

❶ You | ' re <u>on</u> time. 　　　　　　너는 | 제 시간에 왔어.
❶ | Be <u>on</u> time (be punctual).　| 시간 정시에 지켜라.
❶ The buses | are never <u>on</u> time.　버스는 | 제 시간에 오는 법이 없어.

out~

(pr + 장소)

❸　　He | got | **out there**.
　　　그는 | 왔다 | 저 밖에.

❺　　We | 've got ‖ every available men | **out there**.
　　　우리는 | 배치했어 ‖ 가용한 모든 사람들은 | 저 밖에.(Amy)

[❺]　Let's [| get ‖ another boat | **out there**].
　　　[다른 배를 거기 내 보내도록] 하자.(TS170)

기본형

❶ He | is still <u>out</u> there somewhere.　　그는 | 아직 저 어딘가 있어.(1HP57)
❶ There are␣ still two of them | <u>out</u> there. 아직 두 대가 | 저 쪽에 있다.(StWa167)

over~

(pr + 사람)

❸　　Mike | never got | **over Cindy**.
　　　마이크는 신디를 잊을 수가 없었다.(EJD)

기본형

❶ I | am <u>over</u> her.　　　　　　난 | 그녀를 극복했다. *잊다.

(pr + 물건)

④ You | can get ‖ Seoul ‖ **over** the radio.
라디오로 서울의 방송을 들을 수 있습니다.

⑤ That dog | got ‖ pee | all **over** my ties.
개가 | 갈겼다 ‖ 오줌을 | 내 타이어에다.

⑥ Okay, you | got ‖ me | **over** a barrel. What do you want me to do?
좋아, 너 날 궁지로 몰아넣었어. 네가 내게 원하는 게 뭔데?(EID)

기본형

❶ The kid's fingerprints | are all **over** the car.
그 아이의 지문들이 | 온 차에 널려 있다.(C191)

(pr + 관념; 질병)

❸ Have you | got | **over** your cold yet?
너는 아직 감기가 낫지 않았니?(EJD)

[❸] It took me a long time [| to get | **over** my cold].
나는 [감기가 낫는데] 긴 시간이 걸렸다.

❸ He | got | **over** his illness.
그는 | 극복했어 | 병을.

[❸] I hope [you | 'll get | **over** your sickness].
나는 [네가 병이 어서 낫기를] 바래.

[❸] It was a serious illness. It took three weeks [| to get | **over** it].
그건 아주 심한 병이었다. [회복하는데] 3주일이 걸렸다.

기본형

❶ I | was **over** my sickness.   난 | 병을 극복했다.

(pr + 관념; 사건·충격)

❸ Have you | gotten | **over** the shock yet?

당신은 충격에서 벗어나셨습니까?

③ He | cannot get | **over the shock.**
그는 | 못한다 ‖ 그 충격에서 헤어나지.

③ She | cannot get | **over the shock** 〈 of her son's death 〉.
그는 아들의 죽음으로 인한 충격에서 헤어나지 못한다.(EJD)

③ She | never got | **over her mother's death.**
그녀는 어머니의 죽음을 도저히 잊어버릴 수 없었다.

③ You | can get | **over the hardship** soon.
너는 할 수 있을 것이다 ‖ 곧 그 어려움도 극복.

③ How would they | get | **over that problem**, he wondered.
그들이 그 문제를 어떻게 극복할 것인지, 그가 궁금해 했다.

③ He | finally got | **over the divorce.**
그는 | 마침내 되었다 | 이혼의 충격에서 회복하게.

③ | Get | **over it!**
| 해라 | 그걸 받아들이도록! *그냥 받아들여!(EID)

③ I | can't get | **over it!**
난 도저히 믿을 수 없어, 깜짝 놀랐어!

⑤ That | will eventually get | me | **over the shock.**
그것이 | 결국 할 것이다 ‖ 나를 | 충격을 극복하게.

기본형

❶ I | was **over** the shock.　　　　난 | 충격을 극복했다.
❶ I | am **over** her mother's death.　　난 | 어머니의 죽음을 극복했다.
❶ We | are **over** the worst difficulties.　우리는 | 최악의 난관을 극복했다.

(pr + 장소)

③ | Get | **over here.**
| 와라 | 이리로.(HRO459,4HP142)

③ How is he | going to get | **over that high fence?**
그는 어떻게 저렇게 높은 울타리를 넘어가려 하는가?

⑤ | Get ‖ Marlon | **over there.**
| 보내라 ‖ 말론을 | 그 너머로.(TS156)

[⑤]　We managed [| to get ‖ the children safely | **over the bridge**].　우리는 [애들을 무사히 다리를 건너게] 할 수 있었다.

기본형

- ❶ We | 're <u>over</u> the bridge.　　우린 | 다리를 지나있어.(TS94)
- ❶ Tom | was <u>over</u> the fence and gone.　톰은 | 울타리를 넘어서 사라졌다.(ATS60)
- ❶ Help! | <u>Over</u> here.　　도와줘! | 이 너머야.(The Pagemaster)
- ❶ Mr. Ames | <u>over</u> there.　　에임즈 씨 | 저기 있어요.(4FND58)

past~

(pr + 사람)

❸　We | 've got to get | **past them**.
　　우리는 | 가야 해 | 그들을 지나.(4HP298)

[❸]　He tried [| to get | **past him**].
　　그는 [그를 지나가려고] 시도했다.

기본형

- ❶ We | were <u>past</u> them.　　우리는 | 그들을 지났다.

(pr + 사물)

❸　He | had to get | **past it**.
　　그는 | 해야 했어 | 그걸 통과.(4HP289)

[❸]　Well. let's [| get | **past that** for a moment].
　　좋아, [그 문제는 잠시 접어두기로] 하고.(GT90)

기본형

- ❶ I | 'm well <u>past</u> that!　　난 | 그걸 (화낼 정도) 지났다.(1ER514)
- [❶] I do wish [we | were safely <u>past</u> it (= Tashbaan)].
　　나는 [태시반을 안전하게 통과하면] 좋겠다.(CN227)

through~

(pr + 사람 · 조직)

❸ The new tax bill | finally got | **through Congress.**
새로운 세법이 | 마침내 되었다 | 의회를 통과하게.

[❸] Sally hopes [| to get | **through college** in three years].
샐리는 [삼 년에 대학을 끝내고] 싶어한다.

❺ Ten points if you | can get ‖ it | **through her stomach!**
네가 그것을 그녀 위장을 관통시킨다면 10점!(2HP230).

기본형

❶ The sword | is through his left side.   그의 검은 | 그의 옆구리를 관통해 있다.
❶ She | was just through her high school {when} her father died.
그녀가 | 막 고교를 졸업했을 (때) 그녀 아버지가 죽었어.

(pr + 물건)

❸ He | got | **through the book** in one night.
그는 | 되었다 | 하루에 그 책을 다 읽게.

[❸] I tried [| to get | **through the whole book** in two hours].
나는 [그 책의 모든 것을 두 시간 안에 끝낼 수 있도록] 노력했다.

[❸] I think [| you can get | **through the first two chapters**].
난 [네가 첫 두 장을 읽어낼 수 있다고] 생각해.

❸ He | got | **through a bottle of whisky** every day.
그는 | 했다 | 매일 위스키 한병을 끝내곤.

❺ One | will get ‖ us | safely **through the black fire.**
하나가 | 하게 할거야 ‖ 우리를 | 검은 불을 무사히 통과.(1HP286)

[❺] It was a big meal, but she managed [| to get | **through it**⋯ right down to the dessert].
식사량이 엄청 많았지만 그녀는 [다 먹었어. 후식까지도 말야.](EID)

기본형

❶ | **Through** it! | 그것 (불기둥) 통과해라!(TC152)
❶ We | must've been **through** hundreds of books already.
　　우리는 | 벌써 책을 수 백 권도 더 읽었을 거야.(1HP197)

(pr + 관념 · 활동)

❸ 　I | got | **through** the final tests. 기말테스트를 이럭저럭 해냈다.
❸ 　You | 'll get | **through** this. 너는 | 이겨낼 거야 | 이것을 통과하여.(TEPS)
❸ 　Bill | got | **through** his exam all right.
　　빌은 | 되었다 | 그 시험을 잘 통과하게.
[❸]　They haven't got a chance of [| getting | **through** it].
　　그들은 [일을 끝마칠] 희망이 없다.
❺ 　Don't worry, I | 'll get ‖ you | **through** this.
　　걱정마, 내가 널 해결하도록 해 줄께.(TEPS)
❺ 　She | got ‖ the car | **through** traffic.
　　그녀는 | 운전해 갔다 ‖ 차를 | 교통체증 속에.

기본형

❶ They | had been **through** this before.
　　그들은 | 전에도 이러한 경험이 있었어.(Pt4)
❶ Harry | has been **through** a terrible ordeal tonight.
　　해리는 | 오늘밤 끔찍한 시련을 겪었다.(4HP607)
[❶] Do you know [what I | 've been **through** ∨]?
　　너는 아니 [내가 어떠한 무엇 (역경) 을 통과했는지]?(The Pagemaster)

(pr + 장소)

❸ 　The train | got | **through** the tunnel.
　　그 기차는 | 되었다 | 터널을 통과하게.
❺ 　Can you | get ‖ me | **through** the front door?
　　너는 | 해줄 수 있어? ‖ 나를 | 정문을 통과하게.(NQE)
[❺]　I managed [| to get ‖ the box | **through** the window].
　　나는 [창문을 통해 이 상자를 넘기게] 할 수 있었다.

❼　The woman | got | **through customs** | without any trouble.　그녀는 | 했다 | 세관을 통과 | 아무런 문제없이.(TEPS)

기본형

❶ You | 've been through this hole?　너 | 이 굴을 통과한 적 있지?(2LR368)
❶ Well… | through the door, Harry.　자… | 저 문을 통과해라, 해리.(4HP240)
❶ The sun | is through the window.　태양이 | 창문을 통해 비쳤다.

(pr + 시간)

❸　Can these plants | get | **through a cold winter?**
　　이 식물들이 | 지낼 수 있을까 | 추운 겨울을?

[❸]　They helped me [| to get | **through that terrible time**].
　　그들은 나와 함께 [지겨운 시간을 보내] 주었다.

[❸]　This is a busy day. I don't know [how I | 'll get | **through it**].
　　오늘은 바쁜 날이다. 나는 [어떻게 해내야 할 지] 모르겠다.

기본형

❶ We | are through the winter.　우리는 | 겨울을 통과해 있다.

to ~

(pr + 사람; me)

❷　He | got ‖ **to me.**
　　그는 | 줬다 ‖ 내게 영향을.(Sph192)

❷　His music | really gets ‖ **to me.**
　　그의 음악은 정말 감동적이다.

❷　The sight of the starving children | really got ‖ **to me.**
　　굶주린 어린이들의 광경이 내 맘을 아프게 했다.

❷ It | really got ‖ **to me**.
그건 | 건드려 ‖ 날. *진짜 짜증났어.

❷ This whole thing | 's getting ‖ **to me**.
이 모든 일들이 날 괴롭혀.

[❷] This awful weather is starting [| to get ‖ **to me**].
이 끔찍한 날씨가 [나를 짜증나게] 만드네.

❻ We | got | closer ‖ **to each other**.
우리는 서로 가까워졌다.

(pr + 사람; you)

❷ Am I | getting ‖ **to you**?
내가 | 건드리니 ‖ 네 신경을?

[❷] You shouldn't let him [| get ‖ **to you**].
넌 그가 [널 성가시게 하도록] 버려둬서는 안돼.

[❷] Don't let it [| get ‖ **to you**].
[그런 일로 신경 쓰지] 말도록 해라.

(pr + 사람; him/her)

❷ I thought he was incorruptible, but they | finally got ‖ **to him**. 나는 그가 썩지 않았다고 생각했으나 그들은 결국 그를 매수했다.

❷ This picture | really got ‖ **to him**.
이 그림은 | 정말로 잡았다 ‖ 그를. *황홀하게 했다.

❷ Laura's words | got ‖ **to him**.
로라의 말이 | 와닿았다 ‖ 그에게.

❷ If this report | gets ‖ **to the governor**,
만일 이 말이 총독에게 들리면,(Mt28:14)

❹ They | could not get ‖ him ‖ **to Jesus** because of the crowd. 무리를 인하여 예수께 데려갈 수 없으므로,(Mk2:4)

❹ | Get ‖ the food ‖ **to the boys** on the rock.
바위 위의 아이들에게 음식을 날라다 주시오.

❻ I | got | married ‖ **to Susan** yesterday.
나는 어제 수잔과 결혼했어요.

❻ John is nice, but I | really can't get | used ‖ **to him**. He talks too much.

존은 좋은 사람이나, 난 정말로 그 사람한테 익숙해질 수가 없다. 그는 말이 너무 많다.

(pr + 신체)

❷   Harry | got ‖ **to his feet**.
해리는 | 일어섰다 ‖ 발을 딛고.(1H176, 4HP50)

❹   Ryan | got ‖ him ‖ **to his feet**.
라이안은 | 했다 ‖ 그가 ‖ 제 발로 서게.(HRO354)

[❹]   Help him [| to get ‖ it | **to its feet**].
그를 도와라 [| 되도록 ‖ 그것이 | 제 발로 서게].(Dt21:4)

(pr + 물건)

❹ | Get ‖ the child ‖ **to bed**.
| 가거라 ‖ 어린이를 ‖ 침대로 데리고.

❹   She | got ‖ her baby ‖ **to bed**.
그녀는 아기를 잠 재웠다.

(pr + 관념 · 활동)

❷ | Now get ‖ **to work**.
이제 가서 일하라(Ex5:18)

❷   Generally I | get ‖ **to work** at 9.30am.
보통 나는 9시 반까지 일터에 도착한다.

❷   I | didn't get ‖ **to the housework** until Sunday.
난 | 하지 않았다 ‖ 가사에 착수, 요일일까지.

❷   We | haven't got ‖ **to the stage** of a full-scale military conflict.
우리는 아직 전면적인 군사충돌 단계에는 이르지 않았다.

[❷]   Let's [| get ‖ **to it**].
우리 [그일 시작하도록] 하자.

❹   My car | gets ‖ 15 miles ‖ **to the gallon**.
내 차는 갤런당 15마일을 달린다.

❻   You | will soon get | used ‖ **to this climate**.
넌 | 곧 질 것이다 | 익숙해 ‖ 이 기후에.

축소형

❷ I | am used ‖ to this climate.   난 | 익숙하다 ‖ 이 기후에.

(pr + point)

❸   I | 'll get | right to the point.
    난 | 들어가겠어 | 바로 본론으로.

❸   He | never got | to the point.
    그는 요점은 전혀 말하지 않았어.

기본형

❶ They | are right to the point.   그들은 | 바로 요점에 들어가 있다.

(pr + 장소; 건물)

❷   How can I | get ‖ to the station?
    역으로 가려면 어떻게 하죠?(TEPS)

[❷]   Will you let me know [when we | get ‖ to Seoul Station]?
    서울역에 도착하면 저에게 알려 주시겠습니까?

❷   Jim | got ‖ to Mr. Lee's house at 10.
    짐은 이 선생님 댁에 10시에 도착했다.

❹ | Get ‖ your car ‖ to the garage.
    | 넣어라 ‖ 네 차를 ‖ 차고에.

[대화]

A : [❷] How long does it take [| to get ‖ to your house]?
    당신 집에 도착하는 데 얼마나 걸립니까?

B : [❷] It takes 30 minutes [| to get ‖ to my house].
    30분 걸려요.(SMV)

(pr + 장소; 지명)

❷   They | got ‖ to New York last week.
    그들은 | 도착했다 ‖ 뉴욕에 지난주.

❷   When will we | get ‖ to Dallas?
    언제 우리는 | 도착합니까 ‖ 댈러스에?

❷ When does this train | get ‖ **to Daegu**?
  언제 이 기차는 | 도착합니까 ‖ 대구에?

[❷] How Long will it take [| to get ‖ **to New York**]?
  [뉴욕에 도달하기까지] 얼마나 걸리지요.(TEPS)

❹ The train | got ‖ him ‖ **to Seoul** just before noon.
  그 기차는 | 도착시켰다 ‖ 그를 ‖ 서울에 정오 직전에.

(pr + 장소)

❷ **Where** has it | got ‖ **to** ∨?
  그것은 | 갔니 ‖ 어디에? *그것은 어떻게 되었니?

❷ **Where** can it | have got ‖ **to** ∨?
  그 일은 도대체 어떻게 되었을까?

❷ He ordered those 〈 who could swim 〉 to jump overboard first and | get ‖ **to land**.
  헤엄칠 줄 아는 사람들을 명하여 물에 뛰어내려 먼저 육지에 나가게 하고(Ac27:43)

❸ It | got | **to the point** 〈 where I was so ill I was waiting to die 〉. 〈 내가 너무 아파 죽음을 기다리는 〉 지경까지 이르게 되었다.

[❸] Most seem to be trying [| to get ‖ **to** (or on) **winning side**]. 대부분이 보여 [이기는 편에 붙으려는 것으로](NW)

❹ Scientist | can get ‖ us ‖ **to Mars**.
  과학자는 | 데려줄 수 있어 ‖ 우리를 ‖ 화성에.(NW)

기본형

❶ In moments he | was **to** my side. 곧 그는 | 내 곁에 위치했다.

toward(s) ~

(pr + 시간)

❷ It | was getting | **towards** evening when we got back.
  우리가 돌아왔을 때는 저녁이 가까워지고 있었다.

❻   It | 's getting | on ‖ **toward** midnight.   한밤중이 되어 가고 있다.

under~

(pr + 신체)

❸   Because I know you like the back of my mind, I | get | **under** your skin, don't I?
내가 널 손바닥 들여다보듯이 보고 있으니까 약 오르지?

❸   I wish he would stop calling me every night. He | 's getting | **under** my skin.
그가 매일 밤 전화 좀 안 했으면 좋겠어. 그는 날 짜증나게 해.(EID)

[❸] I'd say [that she | gets | **under** your skin as soon as you meet her].
[루씨는 만나자마자 굉장히 신경이 쓰이는 여자] 라고 할까.(WYS190)

기본형

❶   He | 's **under** my skin.   그는 | 내 피부아래 있다. *날 짜증나게 해.

(pr + 물건)

❸   Won't you | get | **under** my umbrella?
내 우산 밑에 들어오지 않겠니?

❸   I | can't get | **under** the bus.
난 | 접근할 수 없다 | 버스 아래에.(Spe68)

❸   A rat tan out and | got | **under** the sofa.
생쥐가 한 마리 뛰어나오더니 소파 밑으로 들어갔어.(NQE)

❺ | Get ‖ this box | **under** the table.
| 놔라 ‖ 이 상자를 | 탁자 밑에.

❺   Before you take physics, you | 'd better get ‖ chemistry | **under** your belt.
넌 물리학 수강 전에 화학을 배우는 게 좋을 거야.(EID)

기본형

❶ There is ˩ a cat | under the table.   고양이가 | 테이블 아래 있어.
❶ Then, it's gonna be under the bus.
   그렇다면, 그것(폭탄)은 | 버스 아래에 있을 거야.(Spe68)
❶ All that knowledge | is under your belt now.   넌 모든 지식을 갖추고 있다.

(pr + 관념 · 활동)

❺   We | 've got ‖ everything | under control.
     우린 | 두고 있다 ‖ 모든 것을 | 통제 하에.(3HP389)

기본형

❶ Everything | is under control.   모든 것이 | 잘 되고 있어.(OUTA)

(pr + 장소)

❸ | Get | under here!
     | 들어와 | 이 아래에.(5HP434)
❸   The conference | will get | under way as soon as Dr. Williams arrives.
     윌리암 박사가 오는 대로 회의가 시작될 겁니다.(EID)
[❺] Let's [| get ‖ this discussion | under way].
     [이 논의를 시작하도록] 하자.(EID)

기본형

❶ You | were still under the fig tree.   너는 | 아직 무화과나무 아래에 있었다.(Jn1:48)
❶ The trial | is now under way.   그 재판은 | 지금 진행 중이야.(cf.Te407)

up ~

(pr + 신체)

③   Don't forget to remove the cancer. It│'s got │ **up the ass**.   암을 제거하는 것을 잊지 마라. 그건 │ 된다 │ 허탕치게.

⑤   We│'re getting ‖ it │ **up the ass**.
우리는 허탕치고 있다.(OUTA)

기본형

❶ It │ is <u>up</u> the ass!   그건 │ 엉덩이위에 찼다. *허탕치다.

(pr + 장소)

③   │ Get │ **up here**. You'll get a better view.
이리 올라와. 더 잘 보일 거야.(NQE)

③   My car │ couldn't get │ **up the hill**.
내 차는 │ 갈 수 없었어 │ 그 언덕 위로.

⑤   Well, │ get ‖ your money │ **up front**.
│ 받아라 ‖ 돈을 │ 선급으로.(Bre303)

기본형

❶ I │ am <u>up</u> the wall.   나는 │ 벽 위에 있어.
❶ │ <u>Up</u> here, if you please!   │ 이 위로 올라와요.(4HP239)
❶ Cash │ is <u>up</u> front.   현금은 │ 선불이다.

with ~

(pr + 사람)

[③]   I didn't want [│ to get │ **with him** in the first place].
나는 [첫 대면에 그와 친해지기는] 원치 않았다.

❼ Sorry I | got | angry | **with you**, but I wasn't feeling like myself. 화를 내게 되어 미안하네. 나 자신이 이상한 걸.

❼ I |'ll get | in touch | **with you** next week.
나는 | 하겠어 | 연락 | 다음 주에 너와.

[❼] I went up to Jerusalem [| to get | acquainted | **with Peter**]. 내가 게바를 심방하려고 예루살렘에 올라가서(Ga1:18)

❼ I | got | drunk | **with my friends** last night.
나는 지난밤에 친구들과 과음하게 되었다.

❼ Sally | is getting | involved | **with Bill**.
샐리는 빌과 교제하고 있다.

축소형

❸ He | was angry | **with** me.   그는 나에게 화를 냈다.
❸ I | was drunk | **with** my friends last night. 나는 지난밤 친구들과 과음했다.
❸ I |'ll be | in touch | **with** you next week. 내주에 연락하겠어요.

(pr + 물건)

❹ I | didn't get | my money's worth || **with my new camera**, so I took it back.
카메라를 새로 샀는데, 돈을 낸 만큼의 가치가 없어서 반환했어.

❹ He | got || the fox || on the leg || **with a rock**.
그는 돌로 여우 발을 맞추어 잡았다.

[❻] It's difficult [| to get | about | **with crutches**].
[목발을 짚고는 돌아다니기가] 힘들다.

(pr + 관념 · 활동)

❷ Now, | get || **with it**.
자, 제대로 해.(4SC86). 세상물정 좀 알아.(NQE)

❷ You | can't get || **with that kind of silly story**.
그런 쑥스러운 이야기로 사람들을 속일 수는 없을 걸.

❹ I | got || him || **with the first shot**.
나는 단 한 방으로 그를 맞혔다.

⑥　He | got | by ‖ **with the question**.
　　그는 질문을 회피했다.(Run114)

⑥　You |'ll never get | anywhere ‖ **with** that attitude.
　　너는 그런 태도로는 결코 성공하지 못해.

within~

(pr + 장소·위치)

❸　They | shouldn't be able to get | **within a hundred yards** of the place in any direction.
　　그들은 | 접근할 수 있어서는 안된다 | 어떤 방향이든지 이 장소의 100야드 안으로는.(7HP65)

❸　As soon as I | got | **within earshot** of the music, I decided that I didn't belong there.
　　음악소리가 들리는 곳으로 가자마자 난 그곳이 내가 있을 곳이 아니란 걸 알았지.(NQE)

기본형

❶　I | was not within earshot.　나는 | 안 들리는 데 있었어.(DOD)

without~

(pr + 물건)

❼　I | can't get | about | **without a car**.
　　나는 차가 없이는 돌아다닐 수 없다.

❼　How did you | get | in here | **without wedding clothes**?
　　어찌하여 예복을 입지 않고 여기에 들어왔느냐.(Mt22:12)

기본형

❶　I | was without a car for many years.　나는 | 많은 해 동안 차가 없었다.

(pr + 관념 · 활동)

❻ The train | got | through the tunnel ‖ **without any trouble.**
기차는 | 되었다 | 터널을 통과하게 ‖ 아무런 곤란없이.

❼ I | can't get | about | **without my wife's help.**
나는 아내 도움 없이 근처에 거동할 수 없다.

기본형

❶ I | was without any help.   나는 | 어떤 도움도 없었다.

유사전치사구   참고

near~

(사람)

❺ They | were not able to get | **near him** because of the crowd.
무리를 인하여 가까이 하지 못하니(Lk8:19)

opposite~

(사람)

❸ When he | got | **opposite me**, he opened his window.
그가 내 반대편에 가서, 창문을 열었다.

PART 4
복합전치사구 *Complex Preposition Phrase*

up about~....in after~....to after~....across at~....back at~....down at~....in at~....off at~....on at~....in between~....around for~....back for~....in for~....off for~....on for~....together for~....up for~....apart from~....away from~....back from~....down from~....in from~....off from~....up from~....about in~....ahead in~....along in~....back in~....behind in~....on in~....out in~....up in~....back inside~....back into~....ahead of~....off of~....out of~....down off~....up off~....along on~....back on~....down on~....in on~....off on~....out on~....together on~....up on~....in over~....away through~....back through~....in through~....across to~....around to~....away to~....back to~....down to~....in to~....off to~....on to(onto)~....over to~....through to~....up to~....down under~....up under~....along with~....away with~....down with~....in with~....off with~....on with~....out with~....over with~....through with~....together with~....up with~....along without~....around without~....on without~....close to~....next to~

up about~

~about~

(cpr + 사람)

❼ She | gets | too worked | **up about** work.
그녀는 | 있다 | 너무 열중해(흥분해) | 공부에 대해.(5HP289)

[❼] Yes, but there's no need [| to get | so worked | **up about** it]. 그래, 하지만 [그렇게 흥분할 필요는] 없다.(CN719)

기본형

❶ I | was up about it.   나는 | 그것에 대해 고조되었다.

in after~

~after~

(cpr + 사람)

[❸] He was able to [| get | **in after me**].
그는 [내 뒤 따라 들] 수 있었다.(3HP357)

기본형

❶ He | was in after me.   그는 | 내 뒤를 따라 들었다.

to after~

~after~

(cpr + 시간)

❷ It | got ‖ **to after** 1 am and I was exhausted.
1시가 지나고 나는 지쳤다.

across at~　　　　　　　　　　　　　　～at～

(cpr + 사람)

[❺]　　Let's [|　get ‖　him　|　**across at** San Diego] and give him amnesty.
　　　　[그를 샌디에고에 건너가게 해서 잡아] 사면을 시키자.

기본형

❶　My mom　|　was **across at** the other end.　　엄마는 | 다른 끝단 건너편에 있었다.

back at~　　　　　　　　　　　　　　～at～

(cpr + 사람)

❸　　Jane called me a jerk, but I | 'll get　|　**back at** her.
　　　제인이 나를 바보라고 불러서 나도 앙갚음해 줄 것이다.

⟨❸⟩　She waited for a chance ⟨ |　to get　|　**back at** her accuser ⟩.
　　　그녀는 ⟨ 그녀의 고발자에게 복수하기 위한 ⟩ 기회를 기다렸다.

기본형

❶　We　|　will be **back at** you.　　우리는 | 너희에게 되돌아 올 거야.

down at~　　　　　　　　　　　　　　～at～

(cpr + 사람)

❺　　I |　got ‖　two officers　|　**down at the corner**.
　　　나는 | 배치했다 ‖ 두 경찰관을 | 그 코너 아래에.(DHV66)

기본형

❶ They | were down at our end of the train.
그들은 | 열차의 우리 칸에 있었다.(3HP97,5HP778)

in at~ ~at~

(cpr + 관념 · 활동)

❶ Several new Labour councillors | get | **in at the last election.**
새 노동당 의원들이 여러 명 | 되었다 | 지난 선거에서 선출.(OAD)

기본형

❶ They | were in at the start. 그들은 | 사건이 발생할 때 있었다.(OAD)

(cpr + 장소)

❸ I |'ll | get | **in at the window.**
난 | 갈 거야 | 창문으로 들어.(AAW47)

기본형

❶ He | was in at the door. 그는 | 문으로 들어갔다.

off at~ ~at~

(cpr + 장소)

❸ I got on the bus at Sinchon and | got | **off at Bangbae.**
신촌에서 버스를 타서 방배에서 내렸다.

❸   I | got | **off at** Daejon and changed to a train for Busan.   나는 대전에서 내려 부산행 기차를 탔다.

❸ | Get | **off at** the next stop and take bus number 56.
다음 정류소에서 내려서 56번을 타십시오.

❸   Helen | got | **off at** the next stop.
헬렌은 | 내렸다 | 다음 정거장에서.

❸   They | got | **off at** a station in the very heart of London.   그들은 | 내렸다 | 런던 한복판의 한 역에서.(5HP124,125)

[❸]   Let's [| get | **off at** the next station].
우리 [다음 정거장에서 내리도록] 하자.

[대화]

A :   Excuse me. How do I get to KBS?
실례합니다. KBS에 어떻게 갑니까?

B :   ❸ Take bus 65. And | get | **off at** Youido.
65번 버스를 타세요. 그리고 여의도에서 내리세요.(SMV)

기본형

❶ He | was **off at** the hotel.   그는 | 호텔에서 내렸다.

on at~   ~at~

(cpr + 사람)

〈❸〉   I don't like the way〈 he | is always getting | **on at** you 〉.
나는 그가〈 너에게 항상 트집을 잡아대는〉게 싫다.(EPV)

기본형

❶ He | was **on at** me again [to lend him money].
그는 | [그에게 돈을 빌려달라고] 또 날 계속 괴롭혔다.(OAD)

(cpr + 장소)

❸ How is my kid | getting | **on at** school?
내 아이가 학교 생활을 잘 하나요?(NQE)

[❸] Tracy has got to study [| to get | **on at** university].
트레시는 [대학을 계속 다니려면] 공부를 해야만 한다.

[❸] He seems [| to be getting | **on** very well **at** school].
그는 [학교에서 성적이 매우 좋아지는 것] 같다.

[대화]

A : ❸ How are you | getting | **on at** work?
요즘 하는 일 어때요?

B : I'm doing fine, thanks.
잘 돼요. 고마워요.

기본형

❶ He | was **on at** the pier.   그는 | 부두에 계속 있었다.

in between~   ~between~

(cpr + 사람)

[❸] I made the mistake once of trying [| to get | **in between them**].
난 한 때 [그들을 말리려고 사이에 끼어들은] 실수를 했다.(NF24)

기본형

❶ Love | was **in between** us.   사랑은 | 우리 사이에 들어왔다.

around for~

~for~

(cpr + 물건)

[❺]   She keeps trying [| to get ‖ Tonks | **around for** dinner].
그녀는 [통크스를 저녁에 부르려고] 노력하고 있다.(6HP94)

기본형

❶ They | were **around for** food.   그들은 | 식량을 구하기 위해 주위에 다녔다.

back for~

~for~

(cpr + 관념·활동)

❺   I | 'll get ‖ her | **back for** this.
난 | 할거야 ‖ 그녀를 | 이것에 돌아오게.(4HP474). *앙갚음하다.

기본형

❶ He | was **back for** me.   그는 | 내게 되돌아 왔어.

in for~

~for~

(cpr + 사람)

❺   Why's he | got ‖ it | **in for** Rupin?
왜 그는 루핀에게 앙심을 품고 있니?(3HP173)

기본형

❶ It | is **in for** him.   그것은 | 그에게 마땅하다.

(cpr + 사물)

❸　　He | got | **in for** Chester.
　　　그는 체스터구에서 당선되었다.

❺　　They | got ‖ it | **in for** interesting creatures.
　　　그들은 흥미로운 생물을 좋아하지 않아.

기본형

❶ Mary | is **in for** Peggy tonight.　　메리가 | 페기를 대신한다 오늘밤은.
❶ I | am **in for** a party.　　　　　　나는 | 파티를 좋아해.(Ho121)

off for~　　　　　　　　　　　　　~for~

(cpr + 관념 · 활동)

❺　　He | got ‖ that much time | **off for** good behavior?
　　　그가 모범적인 행동으로 감형을 그렇게 많이 받았다고?(EID)

기본형

[❶]　I know [that the time | is <u>off for</u> my response].
　　　나는 [내 대답을 위해 시간이 연기된 것을] 안다.

on for~　　　　　　　　　　　　　~for~

(cpr + 관념 · 시간)

❸　　He | has been getting | **on for** 40.
　　　그는 | 되려고 한다 | 40세가.(NM171)

[❸]　He has lived here [| getting | **on for** five years].
　　　그는 [5년이 다 되도록] 여기에 살아 왔다.

❸   The sum I had to pay | was getting | **on for** a small **fortune**.   내가 지불해야 할 총액이 큰돈이 되어가고 있다.(EPV)

❸   It | 's getting | **on for** eleven.
벌써 11시가 다 되어간다.

기본형

[❶] I hope [he | is **on for** many years to come].
나는 [그가 많은 해 동안 건재하기를] 희망한다.
❶ It | 's **on for** today.   그건 | 오늘 한다.(EXO794)

together for~   ~for~

(cpr + 관념 · 활동)

❸   The family | is getting | **together for** mom and dad's **anniversary**.   엄마와 아빠의 기념일을 위하여 가족이 함께 모인다.

[❸] Let's [| get | **together for** a drink one evening].
우리 [언제 저녁에 만나서 술 한잔 하도록] 합시다.(TEPS)

기본형

❶ They | were **together for** a drink.   그들은 술 한 잔하려고 모였다.

up for~   ~for~

(cpr + 관념 · 활동)

⟨❺⟩   I think he's not ready for the race. We need more time ⟨ | to get ‖ him | **up for** it ⟩.
그는 아직 경기 준비가 안 된 것 같아. 〈 준비시키려면 〉 우리는 시간이 좀 더 필요해.

❼ Yes, and | get | taken | **up for** burglars! No, thanks.
아이고, 그러다 도둑놈으로 붙잡히게 되면! 난 사양하겠어.(CN13)

기본형

❶ I |'m <u>up for</u> it. 나 | 그것 해 볼래. *기꺼이 준비되어 있다.
❶ You |'re still <u>up for</u> this? 너 | 아직도 이것 하니?(R&L)

apart from~   ~from~

(cpr + 관념 · 활동)

❸ | Get | **apart from** your duties and problems.
   | 되어라 | 네 의무와 문제로부터 떨어지게.

기본형

❶ There are」 no duties | <u>apart from</u> rights, or rights | <u>apart from</u> duties.   의무는 권리에서 분리되지 않고 권리는 의무에서 분리되지 아니한다.

away from~   ~from~

(cpr + 사람 · 조직)

❸ | Get | **away from** me.
   | 가라 | 내게서 떠나.(GG152)

[❸] Let's [| get | **away from** him].
    [그로부터 피하도록] 하자.

❸ A dangerous criminal | got | **away from** the police.
   위험한 범죄자가 경찰로부터 도망쳤다.

❸ | Get | **away from** this assembly.
너희는 이 회중에서 떠나라.(Nu16:45)

[❸] Let's [| get | **away from** the Israelites]!
이스라엘 사람 앞에서 우리가 도망하자(Ex14:25)

❺ I | got ‖ the book | **away from** him.
나는 그 사람한테서 책을 빼앗았다.

기본형

❶ | Away from me, you evil doers! | 내게서 떠나라, 악한 자들아.(Mt7:23)

(cpr + 물건)

❸ | I | will be able to get | **away from** all the noises.
나는 모든 시끄러움 (소음) 에서 벗어날 수 있을 거야.

❺ | Get ‖ the kid | **away from** the fire!
그 애를 불가에 못 가게 해!(NQE)

❺ How can we | get ‖ the ball | **away from** the dog?
어떻게 우리는 | 할 수 있을까 ‖ 볼 | 개에서부터 떨어지기?

기본형

❶ He | 's away from his desk right now.   그는 | 지금 자리에 안 계시는데요.

(cpr + 관념 · 활동)

❸ | I | couldn't get | **away from** the party.
나는 | 없다 | 파티로부터 떠날 수.

[❸] I want [| to get | **away from** work].
나는 [일로부터 떠나기] 원해.

[❸] I think [you | need to get | **away from** it all].
나는 [네가 일상세계에서 멀리 떠나 (여행을 가는 게) 좋을 것] 같아.

기본형

[❶] There's [no getting | away from it].   그것을 부정할 수 없다.

(cpr + 장소)

❸ | Get | **away from** here!
| 꺼라 | 여기서 꺼!(ATS30)

❸ He | couldn't get | **away from** the office at five.
그는 | 없다 | 5시에 회사로부터 떠날 수.

[❸] Let's [| get | **away from** here].
우리 [여기서 떠나도록] 합시다.

❸ The racehorses | got | **away from** the starting gate.
경주마들이 | 질주를 시작했다 | 출발문으로부터.

❺ | Get ‖ them | **away from** that well!
| 해라 ‖ 그들을 | 우물가에서 떨어지게!(BH51)

기본형

❶ You | 've been too long **away from** Rome.
자넨 | 로마로부터 너무 오래 떨어져 있었어.(BH26)

❶ Smaug | was **away from** home. 스마우그는 | 집에서 떠나 있었다.(Ho239)

back from~   ~from~

(cpr + 사람)

❺ I | must get ‖ the money | **back from** him.
난 | 받아야 해 ‖ 그 돈을 | 그로부터 되돌려.

❺ ···in order | to get ‖ his pledge | **back from** the woman,
그 여인의 손에서 약조물을 찾으려고 하였으나(Ge38:20)

기본형

[❶] We're anxious to [what our response | is **back from** them].
우리는 [그들에게서 반응이 어떨지] 염려된다.

(cpr + 관념 · 활동)

[❸] When do you expect [| to get | **back from** your trip]?
당신은 [언제 여행에서 돌아올] 예정입니까?

기본형

❶ I | wasn't **back from** the war.   난 | 전쟁터에서 돌아와 있지 않았어.(GG54).

(cpr + 장소)

[대화]

A : Hello, Jim, ❸ when did you | get | **back from** the states?
짐! 언제 미국에 돌아왔지?

B : The day before yesterday.   그저께.

기본형

❶ My cousin | was **back from** the states.   사촌이 | 미국에서 돌아와 있다.

down from~   ~from~

(cpr + 물건 · 장소)

❸   She | got | **down from** her camel.
    리브가 약대에서 내려 (Ge24:64)

❸   He | got | **down from** the stage.
    그는 | 왔다 | 무대에서 내려.(GTL18)

❸   The kitten | couldn't get | **down from** the tree.
    새끼 고양이는 | 없었다 | 나무에서 내려올 수.

❺ | Get ‖ the books | **down from** the shelf.
    | 해라 ‖ 이 책들은 | 책장에서 내리게.

❺   The fireman | got ‖ the kitten | **down from** the tree.
    소방관이 | 줬다 ‖ 새끼 고양이를 | 나무에서 내려.

⑤   He | got ‖ the book | **down from** the shelf.
    그는 선반에서 책을 내렸다.

> **기본형**
>
> ❶ He | was down from the hay mow. 그는 | 건초더미에서 내려 왔다.
> [❶] I'm glad [your kitty | is down from the tree].
>   [새끼 고양이가 나무에서 내려오다니] 기뻐.

in from~   ~from~

(cpr + 장소)

⑤   We | got ‖ the calves | **in from** the pasture.
    우리는 | 가져왔다 ‖ 그 송아지들을 | 목장에서 들여.

> **기본형**
>
> ❶ This | was in from Aberdeen. 이것은 | 아버딘에서 들어왔다.

off from~   ~from~

(cpr + 관념 · 활동)

❸   What time do you | get | **off from** work?
    몇 시에 회사에서 퇴근하니?

> **기본형**
>
> ❶ He | was off from the station. 그는 | 그 역에서 떨어져 있었다.

up from~   ~from~

(cpr + 물건)

❸ They | got | **up from** the sofa {when} I entered the room.
내가 방에 들어가자 그들은 소파에서 일어섰다.(4HP61)

❺ The therapist | got ‖ him | **up from** his chair.
그 치료사는 | 했다 ‖ 그를 의자에서 일어나게.

❼ Jonathan | got | **up from** the table | in fierce anger;
요나단이 심히 노하여 자리에서 일어나고(1Sa20:34)

기본형

❶ He | was up from his chair.   그는 | 의자에서 일어났다.

(cpr + 장소)

❸ Saul | got | **up from** the ground.
사울이 땅에서 일어나(Acts 9:8)

❸ He | will never get | **up from** the place where he lies.
이제 저가 눕고 다시 일지 못하리라(Ps41:8)

[❺] They stood beside him [| to get ‖ him | **up from** the ground].
그들이 곁에 이르러 [다윗을 일으키려 하되](2Sam12:17)

기본형

❶ He | was up from the ground.   그가 | 땅에서 일어나 있었다.

(cpr + 관념 · 활동)

❸ He | got | **up from** the meal,
저녁 잡수시던 자리에서 일어나(Jn13:4)

❸ When will you | get | **up from** your sleep?
언제 너는 잠에서 깨어나겠니?(Pr6:9)

기본형

❶ My baby | is **up from** sleep.   애기가 | 잠에서 깨어났다.

about in~

~in~

(cpr + 장소)

[❸] It would be much easier [| to get | **about in** the city by foot].
[도시에서 돌아다니는 데는 걷는 게] 제일 편할 거 같아.

기본형

❶ He | was **about in** the room.   그는 | 방안에서 이리저리 움직였다.

ahead in~

~in~

(cpr + 관념 · 활동)

[❸] I can't seem [| to get | **ahead in** my job].
나는 보이지 않아 [네 임무를 앞서 갈 것 같아].

[❸] He worked very hard [| to get | **ahead in** school].
나는 [학교가서 앞서기 위해] 열심히 공부했다.

기본형

❶ He | was **ahead in** the exit polls.   그는 | 출구조사에서 앞섰다.

(cpr + 시간)

[❸] Everyone wants [| to get | **ahead in** life].
누구든지 [인생에서 앞서기를] 원한다.

기본형

❶   I | am <u>ahead in</u> life.　　　　나는 | 인생에 앞서 있어.

along in~　　　　　　　　　　　　　　　~in~

(cpr + 관념 · 활동)

❸　　How are you | getting | **along in your studies**?
　　　공부는 어떻게 잘 진척이 되어 가고 있니?

❸　　Jim | is getting | **along** well **in** his study of Korean.
　　　짐은 한국어 공부를 잘 해나가고 있다.

기본형

❶   The researcher | is well <u>along in</u> his study.
　　 그 연구자는 연구가 잘 되어가고 있다.

(cpr + 시간)

❸　　He | got | **along in years**.
　　　그는 | 되었다 | 세월 안에서 따르게. *나이를 먹다.

기본형

❶   He | is well <u>along in</u> years.　　그는 | 세월에 잘 따랐다. *나이를 먹다.

back in~　　　　　　　　　　　　　　　~in~

(cpr + 물건)

❸　　| Get | **back in the cart**. Get in the cart.
　　　차로 돌아가. 차를 타란 말이야.(GT88, SR6)

❺   Professor Sprout | 's got ‖ the kids | **back in bed**.
　　　스프라우트 교수가 | 했다 ‖ 아이들을 | 다시 자게.(6HP625)

기본형

❶ They | were back in Uncle Vernon's car.
　　그들은 | 버논 삼촌의 차에 다시 돌아왔다.(1HP29)

(cpr + 장소)

❸   You | just get | **back in there**.
　　　넌 | 가면 돼 | 거기에 바로 돌아가면.(DG75, Spe158)

❺   Well, | get ‖ them | **back in line**.
　　　자, 그들을 다시 대열에 합류시켜.(Fm43)

기본형

❶ Snape | was now back in his office.
　　스네이프는 | 그의 사무실에 돌아와 있었다.(3HP277)

behind in~   ~in~

(cpr + 관념·활동)

❸   We | got | **behind in our work**.
　　　우리는 | 되었다 | 일이 늦어 있어.

[❸]   Try [| not to get | **behind in your homework**].
　　　[숙제가 늦어지지 않도록] 노력해라.

기본형

❶ We | 're behind in our work.   우리는 | 일이 늦어 있어.

on in~

~in~

(cpr + 시간)

❸ I | am getting | **on in years**.
나는 | 가고 있다 | 나이가 들어.(68SS22,4HP520)

[❸] I'd like to see anyone of you [| to get | **on in life**].
나는 너희들이 [출세하는 것을] 보고 싶구나.

기본형

❶ He | is <u>on in</u> years.   그는 | 상당히 나이가 들었다.

out in~

~in~

(cpr + 사물)

[❸] Genie knew [that her secret | would soon get | **out in the open**].
지니는 [자기 비밀이 곧 공공연히 누설될 거라는 것을] 알았다.(EID)

❼ The children | got | caught | **out in the rain**.
그 아이들은 밖에서 비를 맞았다.

기본형

❶ One morning she | are <u>out in</u> the back garden.
어느 날 아침 그녀는 | 뒤뜰에 나가 있었다.(CN11)

❶ He | was <u>out in</u> the rain.   그는 | 밖에서 비를 맞고 있었다.

up in~

~in~

(cpr + 신체)

❸ Ken beat me at basketball and | then got | **up in** my face. So I punched him.
켄이 농구에서 날 이기고 기가 하늘을 찌르더라, 그래서 주먹으로 한 대 패줬지.(EID)

기본형

❶ My parents | were all **up in** my face because I came home late last night.   부모님은 내가 어젯밤 늦게 왔다고 호되게 꾸중했다.(EID)

(cpr + 착용물)

❸ She | got | **up in** her best clothes.
그녀는 가장 좋은 옷을 입었다.

❸ They | were got | **up in** stupid outfits.
그들은 어리숙한 복장을 하고 있었다.(NQE)

❸ Everyone | got (themselves) | **up in** strange clothes for the Christmas party.
모두 크리스마스 파티를 위해 별난 복장을 했다.

❺ She | got ‖ herself | **up in** her best clothes.
그녀는 | 했다 ‖ 자신이 | 가장 좋은 옷을 착용.

❺ She | got ‖ herself | **up in** a bizarre outfit.
그녀는 | 했다 ‖ 자신이 | 이상한 복장을 착용.

기본형

❶ She | was up in her best clothes.   그녀는 가장 좋은 옷을 입었다.

(cpr + 장소)

❺ Who | 's got ‖ a model of him | **up in** his dormitory?
누가 | 가졌니 ‖ 그의 모형을 | 기숙사 안에?(4HP367)

❼   Most of us | get | caught | **up in the rat-race.**
우리 대부분이 | 된다 | 들게 | 치열, 무의미한 경쟁에 휘말려.(EPV)

❼   I | got | hung | **up in Stenson.**
나는 | 되었다 | 가서 | 스텐손에 있다 오게.

기본형

❶ I | 've been <u>up in</u> Gryffindor Tower.
난 | 그리핀도르 타워에 있었어요.(3HP283, 5HP637)
❶ Is | the family still <u>up in</u> Edinburgh?   가족은 | 아직 에딘버그에 있니?
❶ It | is not <u>up in</u> heaven,   하늘에 있는 것이 아니니(Dt30:12)

back inside~   ~inside~

(cpr + 시간)

❸   You | got | **back inside the time limit.**
넌 | 왔다 | 시간제한에 맞춰 돌아왔다.(4HP437)

기본형

❶ He | was <u>back inside</u> the time limit.   그는 | 시간제한에 맞춰 돌아왔다.

back into~   ~into~

(cpr + 사물)

[❷]   I want [| to get ‖ **back into the old ways** of doing things].
난 [하는 일들이 옛날 방식으로 되돌아갔으면] 좋겠다.(EPV)

[❷]   Do you want [| to get ‖ **back into your old job**]?
넌 [옛 직업에 다시 돌아가기를] 원하니?

❹   The thing is, can we | get ‖ the shit ‖ **back into** the horse? 되 담을 수 없는데 이 사건을 어떻게 처리해야 하지?(DG74)

ahead of~
~of~

(cpr + 사람)

[❸]   I have to run hard [| to get | **ahead of** everyone else].
나는 [다른 모든 사람들을 제치기 위해] 열심히 뛰어야 했다.

❸   You | are getting | **ahead of** yourself.
너는 | 있어 | 너무 서두르고.

❸   The taxi | got | **ahead of** her after the light changed.
택시가 | 되었다 | 그녀를 앞서게, 신호가 바뀐 후.

[❼]   He refused to let anyone [| get | **ahead of** him | in business]. 그는 누구라도 [사업에서 자기를 앞서게 되는 것을] 거절했다.

기본형

❶ Three boys | were ahead of us. 세 소년이 | 우리 앞서 있어.

(cpr + 물건)

[❸]   Try [| to get | **ahead of** the truck in front of us].
노력해보자 [우리 앞의 트럭에 앞서기 위해].

[❸]   Victor drove faster [| to get | **ahead of** the other cars].
빅터는 [다른 차를 앞질러 가려고] 더 빨리 차를 몰았다.(EID)

기본형

❶ He | was ahead of the other cars. 그는 다른 차를 앞질렀다.

(cpr + 관념 · 활동)

[❸]   I worked very hard [| to get | **ahead of** the game].
나는 [게임에 앞서기 위해] 열심히 노력했다.

[❸]   He can't seem [| to get | **ahead of his work**].
그는 보이지 않아 [그의 일을 제대로 앞서 (따라) 갈 것 같이].

기본형

❶ The Korean teams | are well **ahead of** the game.
한국팀이 | 선두에 나서 있다.

off of ~   ~of~

(cpr + 사람)

❸ | Get | **off of me.**
| 떨어져라 | 내게서.(CE104)

❺ | Get ‖ your hands | **off of me.**
| 하라 ‖ 네 손을 | 내게서 떨어지게.

❺ | Just get ‖ him | **off of my back.**
| 하라 ‖ 그를 | 내 등에서 떨어지게.(DGE68)

기본형

❶ I | 'm <u>off of</u> you (for life).   난 | 너와 절교야 (평생).(4SC35)
❶ Now hands | <u>off of</u> me.   이제 손 | 떼.(3FND22)

(cpr + 사물)

❸   That son of a bitch | is not getting | **off of Manhattan!**
그 녀석은 | 못할 거야 | 맨하탄에서 벗어나지!(DHV130)

[❺]   He managed [| to get ‖ the stains | **off of his new suit**].
그는 [새 양복에서 이럭저럭 얼룩을 빼게] 되었다.

기본형

❶ He | was <u>off of</u> the porch now.   그는 | 이제 현관을 벗어났다.

out of~

~of~

(cpr + 사람 · 조직)

[❸] I wanted [| to get | **out of the group**], but they wouldn't let me.
    나는 [그룹에서 나오기를] 원했으나 그들이 허락하지 않았다.

❺ I | really get ‖ a kick | **out of Shelly**. She's very funny!
    난 | 정말 얻어 ‖ 즐거움을 | 샐리에게서. *그녀는 정말 재미있어.(EID)

❺ The police | will get ‖ a confession | **out of him**.
    경찰은 그로부터 자백을 받아낼 것이다.

[❺] The police were unable [| to get ‖ anything | **out of the suspect**]. 경찰은 [혐의자에게서 아무 것도 얻을 수] 없었다.

기본형

❶ I | am <u>out of</u> the group.   나는 | 그룹에서 나왔다.
❶ There was」 a kick | <u>out of</u> her.   그녀에게는 즐거움이 있었다.

(cpr + 신체)

❸ | Get | **out of my hair**.
    머리에서 나오라. *귀찮게 하지 마.

❸ Just one more question and I | 'll get | **out of your hair**.
    한 가지 질문만 하고 더 괴롭히지 않겠어요.

❸ The crowd at the concert | was getting | **out of hand**.
    콘서트에서 군중이 통제를 벗어났다.(EID)

[대화]

A : A well-bred maiden shouldn't say such things.
    시집도 안 간 처녀가 그렇게 표현하면 어떡하니?

B : No kidding. I tell you. ❸ She | 's gotten | **out of hand**.
    그러게 말야, 그녀는 인제 막 간다니까.(SMV)

기본형

❶   The children | are quite out of hand.   그 애들은 | 매우 통제불능이야.

(cpr + 정신)

❸   It | has got | out of my mind.
나는 그 일을 잊어버렸다.

❺   I | can't get ‖ her | out of my mind.
나는 | 꺼낼 (잊을) 수 없어 ‖ 그녀를 | 내 마음에서.

기본형

❶   He | is out of my mind.   그는 | 내 마음에서 나갔다.

(cpr + 운송수단)

❸ | Get | out of my car.
내 (소형) 차에서 내려라.

❸   He | got | out of the car.
그는 자동차에서 내렸다.

❸   I | got | out of the taxi.
나는 | 왔다 | 택시에서 나.

❸   As soon as they | got | out of the boat,
배에서 내리니(Mk6:54)

기본형

❶   He | was out of the car.   그는 자동차에서 내렸다.

(cpr + 물건)

❸ | Get | out of those wet clothes before you catch cold!
감기 들기 전에 젖은 옷을 벗어!

❸   You | 'd better get | out of bed.
너는 잠자리에서 일어나는 편이 낫다.

⑤　I | 've got ‖ something | **out of** the book.
　　나는 그 책에서 무엇인가를 배웠다.

⑤　| Get ‖ your butt | **out of** bed!
　　| 해라 | 엉덩이를 | 침대에서 빼내도록! *어서 일어나라!

⑤　| Get ‖ your money | **out of** the pocket.
　　| 꺼내라 ‖ 돈을 | 주머니에서.

⑤　Can you get | this stain | **out of** my shirt?
　　내 셔츠에서 이 얼룩을 지울 수 있겠어요?

⑤　I like John. He | got ‖ me | **out of** a jam once.
　　나는 존을 좋아해. 그는 이전에 나를 궁지에서 구해준 적이 있다.

기본형

❶　| Out of those wet clothes!　　젖은 옷 벗어!
❶　The cat | is out of the bag.　　고양이는 | 가방에서 나왔다. *비밀이 누설됐어.

(cpr + 관념 · 활동)

❸　I | get | **out of** breath just walking up a flight of stairs.
　　나는 한 층을 올라가는 데도 숨을 헐떡인다.(EID)

❸　| Get | **out of** my sight!　　다시 내 얼굴을 보지 말라(Ex10:28)

❸　Things | got | a little **out of** control.
　　일들이 | 되지 않았다 | 약간 통제가.

[❸]　Aaron had let them [| get | **out of** control].
　　아론이 그들을 방자하게 하여(Ex32:25)

❸　He | got | **out of** the habit of smoking (drinking).
　　그는 담배 피우는 (술 마시는) 습관을 버렸다.

⟨❸⟩　Those two will do anything ⟨ | to get | **out of** work ⟩.
　　그 두 사람은 늘 일에 게으름을 피운다.

❸　| Get | **out of** it!　　(속어) 바보 같은 소리 마!, 농담 마!

❸　We | 'll never get | **out of** this.
　　우리는 이 상황에서 빠져나가지 못할 거야.

[❸]　[| Getting | **out of** the contract] would be no problem.
　　[계약에서 빠져나가는 것은] 문제가 안될 거야.

❺ Brian | will get ‖ them | **out of** trouble.
브라이언이 | 해줄 것이다 ‖ 그들을 | 곤경에서 나오게.

❻ | Get ‖ your nose | **out of** my business.
| 해라 ‖ 네 코를 | 내 사업에서 빼도록. *참견말라.

❻ What do you | get ‖ ∨ | **out of** sports?
넌 | 얻느냐 ‖ 무엇을 | 운동경기에서.(TAT72)

❼ My teacher | got | bent | **out of** shape just because I was five minutes late to class.
우리 선생님은 내가 수업에 5분 지각해서 화가 나셨다.(EID)

기본형

❶ Bud | was **out of** breath.   버드는 | 숨이 찼어.(Fm412)
❶ The press | was **out of** control.   언론은 | 통제불능이었어.(Te167)
❶ I | 'm really **out of** it today.   나는 | 오늘 정말 정신이 멍해.(EID)
❶ I | 'm really **out of** shape.   나는 | 정말 몸이 약해졌어.

(cpr + 장소; here)

❸ | Get | **out of** here.
ⓐ 여기서 나가! ⓑ 설마!, 입 닥쳐!

[❸] Everybody! Let's [| get | **out of** here]!
여러분! 우리 [여기서 나가도록] 합시다.

[❸] Let's [| get | **out of** here] before police get here.
경찰이 오기 전에 이곳을 빨리 떠나자.

❻ | Get ‖ them | **out of** here,
다 성 밖으로 이끌어내라 (Ge19:12)

❻ | Get ‖ these | **out of** here.
이것을 여기서 가져가라.(Jn2:16)

(cpr + 장소; way)

❸ You | get | **out of** my way!
나를 방해하지 마! *Don't get in my way. = Don't disturb me.

❸ | Get | **out of** our way.
너는 물러나라.(Ge19:9)

❸ | Get | **out of the way**!
 | 해요 | 길밖에 나오도록! *비켜요!

❺ We | gotta get ‖ these people | **out of harm's way**.
 우리는 | 해야 해 ‖ 이 사람들을 | 다치지 않게.(Spe90)

(cpr + 건물 · 지명)

❸ I | got | **out of the bathtub** and reached for my towel.
 나는 탕에서 나와 수건에 손을 뻗었다.

❸ I | got | **out of** the burning building just before it collapsed. 나는 불타는 빌딩이 붕괴되기 전에 탈출했다.

❸ Hurry and | get | **out of this place**,
 너희는 급히 이곳에서 떠나라(Ge19:14)

❸ He | got | **out of prison** after 25 years.
 그는 25년 후에 출감하였다.

[❸] They probably wanted [| to get | **out of the country**].
 그들은 아마 [나라를 떠나기를] 원했다.

❺ You | get ‖ her | **out of this house**.
 당신은 | 데리고 간다 ‖ 그녀를 | 이 집에서.(GWW193)

❺ | Get ‖ the dog | **out of this room**.
 개를 이 방 밖으로 내보내시오.

❺ | Get ‖ me | **out of this prison**.
 이 집 (옥) 에서 나를 건져내소서.(Ge40:14).

❼ He | 'll get | thrown | **out of the court**.
 그는 | 버릴 거야 | 내팽개쳐 | 법정 밖으로.

❼ Terry | got | booted | **out of another bar** for starting a fight. 테리가 싸움을 거는 바람에 다른 술집에서도 쫓겨났다.(EID)

기본형

❶ I | 'm <u>out of</u> here. 나는 | 여기서 빠진다.(SK)
❶ | <u>Out of</u> my way! | 내 길을 비켜!(Sho67)
❶ You | 've been <u>out of</u> the room? 당신 | 방밖에 나간 적 있어요?
❶ He | was <u>out of</u> the house. 그는 | 집에서 나와 있었다.
❶ Look, I | 'm <u>out of</u> town for a while. 이봐, 난 | 당분간 마을 떠나.(Ind72)

(cpr + 시간)

❸ He | couldn't get | **out of his date** on Saturday.
그는 | 없었다 | 토요일 데이트 약속을 벗어날 수.

[❸] I'm thinking of [| getting | **out of the single life** this year].   나는 [올해는 독신 생활에서 벗어날까] 생각 중이야.

❺ We | got ‖ the information | **out of date**.
우리는 | 가졌다 ‖ 정보를 | 낡은.

기본형

❶ He | 's been **out of** my life some time now.
그는 | 이제 내 삶에서 상당 기간 벗어났어. *그 사람과 끝난 지 꽤 됐어

❶ Your information | is **out of** date.   너의 정보는 | 한 물 갔어.

down off~

~off~

(cpr + 사물)

❸ The Caterpillar | gets | **down off the mushroom**.
그 애벌레는 | 간다 | 버섯에서 떨어져 내려.(AAW56)

❺ I | got ‖ him | **down off the horse**.
나는 | 했다 ‖ 그를 | 말에서 떨어져 내리게.

기본형

❶ Eddie | was **down off** the porch in an instant.
에디는 | 순간 현관에서 떨어져 내려섰다.

up off~

~off~

(cpr + 신체 · 장소)

❸ I | gotta get | **up off the couch** and take care of business. 나는 코치에서 떨어져 일어나서 일을 해야 한다.

❸ | Get | **up off your knees.**
| 일어나요 | 무릎을 꿇지 말고.(GWW170)

❺ She | got ‖ him | **up off the floor.**
그녀는 | 했다 ‖ 그를 | 마루에서 떨어져 일어나게.

기본형

❶ He | was **up off** the bench. 그는 | 벤치에서 떨어져 일어났다.

along on~

~on~

(cpr + 관념 · 활동)

❸ I | can't get | **along on my pay.**
내 월급으로 나는 살아갈 수 없다.

❸ Can we | get | **along on such a small salary?**
우리는 | 있니 | 그런 적은 봉급으로 지낼 수?

기본형

❶ He | was **along on** the wonderful trip. 그는 | 경이적인 여행에 따라 갔다.

back on~

~on~

(cpr + 신체)

❸　Willy | got | **back on** his feet when he found a good job.　윌리는 좋은 직장을 찾아서 다시 자립했다.

기본형

❶　Now I | am **back on** my feet.　이제 나는 | 다시 내 발로 섰다.

(cpr + 사물)

❸　He | can get | **back on** track.
　　그는 | 갈 수 있어 | 정상으로 돌아.(J&C)

[❺]　Balaam beat her [| to get ‖ her | **back on** the road].
　　발람이 [나귀를 길로 돌이키려고] 채찍질하니(Nu22:23)

기본형

❶　We | 're **back on** track (just like we planned).
　　우린 (처음에 계획했던 대로) 되는 거라구.(FW31)

down on~

~on~

(cpr + 사람·신체)

❸　| Get | **down on** your face.
　　| 해라 | 얼굴을 땅에 쳐 박고 엎드리기. *엎드려뻗쳐.

❸　The boss | got | **down on** him.
　　사장은 | 되었다 | 그를 내리 밟게. *미워하다.

❸　Harry | got | **down on** his hands and knees.
　　해리는 | 되었다 | 양손과 무릎으로 꿇게.(3HP13)

PART 4 - 복합전치사구　173

❸   He | got | **down on** his knees and prayed.
   베드로가 무릎꿇고 기도하고(Ac9:40)

기본형

❶ | Down on your knees! | 무릎을 꿇어라!(CN51)
❶ He | is very down on me.   그는 | 몹시 나를 미워해.

(cpr + 사물)

❸   We | got | **down on** the ground.
   우리는 땅에 엎드렸다.

❸   He | got | **down on** the grass.
   그는 | 됐다 | 풀밭 위에 내리게.

❺ | Get ‖ all the cash | **down on** this horse.
   | 걸어라 ‖ 현금을 몽땅 | 이 말에 내려.

기본형

❶ They | are down on the beach.   그들은 | 해변에 내려가 있어.(Papillon)
❶ There's, no money | down on this computer.
   이 컴퓨터를 사면서 현금을 낼 필요는 없어요.(ECD342)

in on~   ~on~

(cpr + 물건·장소)

[❸] I'd like [| to get | **in on** the ground floor].
   난 [처음부터 시작하고] 싶어.

[❸] I wish [I | had got | **in on** the stock market at the beginning of the bubble].
   버블 초기 주식에 손을 댔더라면 좋았을 걸.(EPV)

「❺ Miraz | had got 「**in** ‖ a blow at last, | **on** Peter's helmet.   미라즈가 | 했다 「가 ‖ 드디어 일격을 | 피터의 투구 위에.(CN405)

기본형

❶ He was **in on** my bed.   그는 | 내 침대를 차지했다.

(cpr + 관념·활동)

❸ You | can get | **in on** it.
너는 | 할 수 있다 | 그것을.(FW30)

[❸] Let me [| get | **in on** the secret].
내가 [그 비밀을 알아내도록] 해줘.(EID)

❼ We | 've got | close | **in on** it.
우리는 | 한다 | 가까이 | 그것에 접근해야.(1HP280)

기본형

❶ I | am not **in on** it.   난 | 그 일에 가담 안 했어.(T112)
❶ Had I | not been **in on** the secret,   내가 | 그 비밀을 몰랐다면.(6HP32)

off on~   ~on~

(cpr + 신체)

❸ We | got | **off on** the wrong foot.
우리는 | 됐다 | 잘못 다리를 짚게. *처음부터 실수했다.

[❸] Let's work hard to be friends. I hate [| to get | **off on the wrong foot**].
우리 친구가 되도록 힘껏 애써봐. 나는 [관계가 시작부터 잘못되는 것이] 정말 싫어.

기본형

❶ We | was **off on** the wrong foot.   우리는 | 잘못 다리를 짚었다.

(cpr + 관념 · 활동)

❸   He | gets | **off on** golf.
그는 | 있다 | 골프에 빠져 붙어.(EPV).

❸   He | actually got | **off on** the toilet charge.
그는 화장실 사건에 벌을 받지 않고 빠져나갔단다.(5HP489)

❺   We |'ve got to get ‖ him | **off on** a minor charge.
우린 | 해야 해 ‖ 그를 | 경미한 벌로 방면.(4HP142)

기본형

❶ He | was | **off on** golf.   그는 | 골프에 빠져들었다.

(cpr + 물건 · 장소)

❸   He | got | **off on** the noon flight.
그는 | 했다 | 정오 비행기로 출발.

❸   Well, maybe we |'ll get | **off on** the third floor, huh?
그렇다면 우리는 3층에서 내렸으면 하는데, 어때?.(Spe34)

기본형

❶ We | were **off on** the third floor.   우리는 | 3층에서 내렸다.

out on~

~on~

(cpr + 사물)

[❸] Bill is hoping [| to get | **out on** parole soon].
빌은 [곧 가석방되기를] 희망하고 있다.(EID)

❺   They | got ‖ the batter | **out on** a fly ball.
그들은 | 잡았다 ‖ 타자를 | 플라이로.

기본형

❶ She | was <u>out on</u> maternity leave.　　그녀는 | 출산휴가로 떠나 있었다.
❶ The batter | was <u>out on</u> a fly ball.　　그 타자는 | 플라이로 아웃되었다.

together on~　　　　　　　　　　　　　　~on~

(cpr + 관념)

❸ They | simply couldn't get | **together on** matters of policy.　그들은 | 단순히 이룰 수 없었다 | 정책문제에 대해 합의를.

기본형

❶ We | are <u>together on</u> this issue.　　우리는 | 이 문제에 대해 입장이 같아.(NQE)

up on~　　　　　　　　　　　　　　　　~on~

(cpr + 장소)

❸ He | got | **up on** the wrong side of the bed.
　그는 | 되었다 | 침대의 틀린 면에 일어나게. *기분이 안 좋다.

기본형

❶ I | could be <u>up on</u> the wrong side of the bed.
　나는 | 침대의 다른 쪽에 일어났을 것이다.

PART 4 - 복합전치사구　　177

in over~　　　　　　　　　　　　　　　　　　　　~over~

(cpr + 신체)

❸　You let this go now, you ｜ got ｜ **in over** your head.
　　잊어버려, 안 그러면 넌 ｜ 된다 ｜ 복잡한 사건에 휘말리게.(LOF79)

❺　This ｜ was getting ‖ me ｜ **in over** my head.
　　이건 ｜ 하고 있다 ‖ 나를 ｜ 복잡한 사건에 휘말리게.

기본형

❶ He ｜ is <u>in over</u> his head.　그는 ｜ 머리 속이 혼란해.(Sph271) *복잡한 사건에 휘말렸어

away through~　　　　　　　　　　　　　　　~through~

(cpr + 장소)

❸　They ｜ got ｜ **away through** Mrs. Barnett's garden.
　　그들은 바네트 여사의 정원에서 도망쳤다.

기본형

❶ He ｜ was <u>away through</u> the jungle.　그는 ｜ 정글을 통해 사라졌다.

back through~　　　　　　　　　　　　　　　~through~

(cpr + 장소)

❸　He ｜ got ｜ **back through** the portrait hole.
　　그는 ｜ 되었다 ｜ 초상화구멍을 통해 되돌아가게.(3HP270)

❸　Which one ｜ will get ‖ you ｜ **back through** the purple flames?　어느 것이 ｜ 할지 ‖ 널 ｜ 자주 화염속을 통해 돌아가게?(1HP286)

기본형

❶ He | was **back through** the fortress.   그는 | 요새를 통해 되돌아갔다.

in through~   ~through~

(cpr + 장소)

❸ The burglar | got | **in through** the window.
그 도둑은 | 왔다 | 창문을 통해 들어.(6HP617)

❸ He | can't get | **in through** the passage.
그는 | 할 수 없다 | 통로를 들어올 수.(3HP199)

기본형

❶ He | was **in through** those church doors every time they opened.
그는 | 교회 문들을 통해 들어갔다, 문들이 열릴 때마다.

across to~   ~to~

(cpr + 사람)

❷ His joke | didn't get ‖ **across to** her.
그의 농담은 | 하지 않았다 ‖ 그녀에게 통하지.

❷ Her explanation | did not get ‖ **across to** his students.
그의 설명은 | 되지 않았다 ‖ 학생들에게 납득.

[❹] I hope [I | can get ‖ this ‖ **across to** you once and for all].   나는 희망해 [내가 | 시킬 수 있기를 ‖ 이것을 ‖ 네게 이해, 한번에].

❹ I | couldn't get ‖ my message ‖ **across to** the idiot.
나는 | 시킬 수 없었어 ‖ 나의 생각을 납득 ‖ 그 멍청이에게.

❹ He | could not get ‖ his joke ‖ **across to** his students.
그는 | 할 수 없어 ‖ 그의 농담을 ‖ 학생들에게 알아듣게.

❹ She | couldn't get ‖ her point ‖ **across to** the **audience.** 그녀의 취지가 청중에게 통하지 않았다.

[「❹」] I find it difficult [| to get 「**across** ‖ my jokes ‖ **to him**].
그에게 내 농담을 알아듣게 하기는 어렵다.
 *be across to~의 예문을 찾을 수 없으므로 across to~는 N으로 다룬다. '설명, 농담'을 '학생 쪽으로 건네주다' = 이해시키다' 라는 의미가 된다.

(cpr + 장소)

❺ Rabbit was employed to deceive him {and} | get ‖ him | **across to** the other side of the waters.
토끼는 그를 속여, 그를 바다 다른 쪽에 건너오게 했다.

기본형

❶ He | was **across to** the other platform, followed by the girl.
그는 | 다른 플랫폼에 건너가 있었다, 그 노래가 따라오고.

around to~   ~to~

(cpr + 사람)

❷ I | will get ‖ **around to** you in a moment. Please, be patient.
나는 | 접근할 거야 ‖ 네 주변에 곧 (네 문제를 다룰 거야). 참고 기다려.

(cpr + 사물)

❷ The mechanic | will get ‖ **around to** your car when possible. 그 기계공은 | 다룰 거야 ‖ 네 차에 대해, 가능하면.

❷ I | haven't gotten ‖ **around to** it yet.
나는 | 손도 못 댔어 ‖ 그것에 아직.(TEPS)

❷ I said I would write to you, but as usual I | | never got ‖ **around to it.** 네게 편지한다고 했지만 여전히 나는 그러지를 못했어.

away to~

~to~

(cpr + 사람)

❸   They | could easily have got | **away to some safe place.**   그들은 | 쉽게 도망갈 수도 있었다 | 안전한 곳으로.(CN737)

[❺]   I wanted [| to get ‖ her | **away to somewhere** safe].
나는 [그녀를 안전한 곳에 도피시키기를] 원했다.

기본형

❶   He | was <u>away to</u> the kitchen.   그는 | 부엌 쪽에 가 있었다.

back to~

~to~

(cpr + 사람)

❸   I | 'll get | **back to you** {as soon} as I can.
할 수 있다면 곧 네게 돌아 올께.(TEPS)

❸   Leave a message and I | 'll get | **back to you.**
메시지를 남겨주시면 연락 (대답) 드릴게요.(WYS71)

기본형

❶   I | will be <u>back to</u> you.   나는 | 네게 돌아올 거야.

(cpr + 관념 · 활동)

❸ | Get | **back to your work!**
가서 너희 역사나 하라(Ex5:4)

❸   I | have to get | **back to work.**
나는 | 가야한다 | 일에 돌아.(TEPS) *이제 그만하고 일해야겠어.

[❸]   Let's just [| get | **back to the discussion**].
우리 [다시 본론으로 들어 가도록] 하자.

❸ Things | will soon get | **back to** normal.
모든 일이 다시 정상적으로 돌아올 것이다.

[❸] Then life started [| to get | **back to** normal].
그리고 생활이 [다시 정상으로 돌아가기] 시작했다.

❸ I | couldn't get | **back to** sleep.
나는 다시 잠을 이룰 수가 없었다.

[❸] Eddie wanted [| to get | **back to** sleep].
에디는 [잠을 다시 자고] 싶었다.

❺ I | 'd got ‖ my eyes | **back to** normal.
나는 | 했다 ‖ 내 눈을 | 정상으로 돌아오게.(MBS)

기본형

❶ | Back to work! | 일에 돌아가!(TC68)
❶ Her voice | was back to normal. 그녀 목소리가 | 정상으로 돌아왔어.
❶ Everything | is back to normal now. 모든 것이 | 이제 정상으로 돌아왔어.

(cpr + 장소)

❸ | Get | **back to** your seat. | 가라 | 네 자리로 돌아.

❺ You | have to get | these books | **back to** the library in a week.   넌 이 책들을 일 주일 안에 도서관에 반납해야 해.

기본형

❶ I will be back to Seoul next year September.
나는 내년 9월에 서울로 돌아갈 것이다.

down to~   ~to~

(cpr + 관념·활동)

[❸] It was five o'clock [when I | finally get | **down to** my work]. 함께 일에 착수한 것은 5시였다.

❸ He | finally got | **down to work**.
　　그는 | 결국 되었다 | 일하게.

[대화]

A :　[❸] Time is running out. Let's [| get | **down to business**].
　　시간이 다 됐네요. 우리 [본론으로 들어] 갑시다.

B :　Yes, we have no time to lose.
　　그래요. 낭비할 시간 없어요.(TEPS)

[❸]　Let's [| get | **down to brass tacks**]. We've wasted too much time chatting.
　　우리 [핵심으로 들어] 갑시다. 잡담하느라고 시간을 너무 많이 허비했습니다.

[❸]　Let's [| get | **down to the nitty-gritty**].
　　우리 [이제 핵심으로 들어] 갑시다.

기본형

❶ However, the weekend after next I | was **down to work** (on my own).　그러나, 다음 주말에 아는 (내 자신의) 일에 착수하였다.

in to~   ~to~

(cpr + 장소)

[❷]　I couldn't remember the new password [| to get ‖ **in to bed**].　난 [침실로 들어가는] 새 암호를 기억할 수 없었다.(1HP156)

off to~   ~to~

(cpr + 사람)

[❺]　I want you [| to get ‖ these letters | **off to grandma** right away].　할머니한테 이 편지 좀 빨리 부쳐 주세요.

기본형

❶ My hat | is off to you.   내 모자는 | 네게 향해 있다.(Chb558) *경의를 표하다.

(cpr + 관념 · 활동)

❸ We | didn't get | **off to a very good start.**
우리는 | 하지 않았다 | 아주 처음부터 좋게 시작.(FWi22)

❸ I tried everything, but | couldn't get | **off to sleep.**
나는 모든 방법을 동원해봤지만 도저히 잠을 이룰 수가 없었다.(EPV)

❸ We | got | **off to work** before daybreak.
우리는 날이 새기 전에 일하러 떠났다.

기본형

❶ He | 's off to a bad start.   너 | 출발이 좋지 않아.
❶ Then I | was off to sleep.   그리고 나는 | 잠에 떨어졌다.

(cpr + 장소)

❸ | Get | **off to the your dormitories.**
| 가라 | 너희 기숙사로 떠나.(2HP220)

[❸] Every night it's a battle [| to get ‖ the kids | **off to bed**].   매일 밤 [아이들을 침실로 몰아넣는 것은] 전쟁이다.(EPV)

〈❸〉 It's time 〈 we | got | **off to school** 〉.
〈 우리가 학교 갈 〉 시간이다.

기본형

❶ I | 'm off to school now.   난 | 지금 학교에 가.
❶ Yeah, he | 's off to the Chamber of Secrets…
그래, 그는 | 비밀의 방에 가 있어…(2HP210)

on to(onto)~ ~to~

(cpr + 사람)

❸ I | got | **on to** him.
나는 | 되었다 | 그에게 접촉하게.

❸ The cops | got | **onto** him.
걔 경찰한테 꼬리 밟혔어.(NQE)

❸ The longer we stay in one spot, the sooner it | will get | **on to** us. 한 곳에 오래 꾸물댈수록, 우리를 찾는 것도 그만큼 빠를 거야.(2LR358)

기본형

❶ I | am **on to** you.   난 | 너를 주목해.
❶ The feds | must be **onto** me.   연방경찰이 | 나를 주목하고 있음에 틀림없다.

(cpr + 관념·활동)

❸ I | got | **onto** the new job.
난 | 익숙해졌다 | 새 일에.

❸ You |'ll get | **onto** it.
넌 | 될 거야 | 그것에 포착하게. *걱정 마, 곧 좋아질 거야.

❸ He | got | **on to** the con game.
그는 | 되었다 | 범죄 게임을 알게.

❸ We | got | **on to** the subject of relationships.
우리는 | 했다 | 새로운 관계의 주제에 대해 말하기 시작.

기본형

❶ You | are **on to** something?   너 | 집히는 거라도 있니?
❶ Janet | was **onto** the job (ahead of me).
자넷은 | 그 일에 종사하고 있었다. (나보다 앞서).
❶ We | are **on to** the next question.   우리는 | 다음 질문에 대하고 있다.

PART 4 – 복합전치사구   185

(cpr + 물건 · 장소)

❷ He | got ‖ **onto the train.**
그는 | 탔다 ‖ 기차에 올라.

[❷] Let's [| get ‖ **on to that island**].
우리 [저 섬에 상륙하도록] 하자.

❹ He | got ‖ **onto the bus** ‖ <u>at</u> 42nd Street.
그는 | 탔다 ‖ 버스에 올라 ‖ 42가에서.

[❻] I saw [Peter | get | pushed ‖ **onto the track**].
나는 [피터가 철도로 밀려 떨어지는 것을] 보았죠.(WYS234)

over to~　　　　　　　　　　　~to~

(cpr + 사람)

❹ Would you | please get ‖ this memo ‖ **over to Jack?**
너 잭한테 이 쪽지 좀 건네줄래?(NQE)

❹ He | cannot get ‖ the facts ‖ **over to the people.**
그는 | 할 수 없다 ‖ 사실을 ‖ 사람들에게 이해하게.

[❹] A philosophy teacher has to be able [| to get ‖ concepts ‖ **over to his students**].
철학 교사는 [개념들을 학생들에게 전달] 할 수 있어야 한다.

(cpr + 장소)

❸ | Get | **over to the other side** of the road.
| 가라 | 길 반대편으로 건너.(NQE)

❸ They | got | **over to the other side** {while} the light was still red. 적신호일 동안 그들은 반대편으로 건너갔다.(NQE)

기본형

❶ I | was <u>over to</u> his side.　　나는 | 그의 옆 너머에 있었다.

through to~　　　　　　　　　　　　　　~to~

(cpr + 사람)

❷　　Jim, How can I | get ‖ **through to** you?
　　　짐, 어떻게 내가 | 할 수 있니 ‖ 네게 연락?

❷　　I | can't get ‖ **through to** him at all.
　　　그와는 이야기가 전혀 안 통한다.(5HP440) *이해시킬 수 없다.

[❷]　I just couldn't seem [| to get ‖ **through to** him].
　　　나는 단지 [그를 이해시킬 수 없을 것] 같아.

❷　　How did you | get ‖ **through to** her?
　　　어떻게 너는 | 되었니 ‖ 그녀에게 이해시키게?

❷　　The little boy | could not get ‖ **through to** his mother.
　　　그 작은 사내아이는 자기 의사를 엄마에게 전달할 수 없었다.

❷　　The news | finally got ‖ **through to** us.
　　　그 뉴스가 드디어 우리에게 전달되었다.

❹　　I | can't get ‖ it ‖ **through to** him [that she won't come].
　　　나는 그에게 [그녀가 오지 않는다는 것을] 알릴 수가 없다.

[❹]　We | can't get「**through to** him ‖[how important this is].
　　　우리는 그에게 [이것이 얼마나 중요하다는 것을] 알릴 수가 없다.

(cpr + 사물)

❷　　Look, I | can't get ‖ **through to** this number.
　　　이봐, 난 | 할 수 없어 | 이 번호에 연결.

up to~　　　　　　　　　　　　　　~to~

(cpr + 관념 · 활동)

❸　　I Don't get | **up to** any mischief.
　　　| 치면 안돼 | 어떤 장난이든지!

❸　　He |'s always getting | **up to** something.
　　　그는 항상 무슨 일인지 꾸미고 있다.

❸ He｜'s forever getting ｜ **up to no good.**
　　그는 ｜ 영원히 될 것이다 ｜ 잘 안되게.

❸ He ｜ got ｜ **up to speed** pretty quick.
　　그는 ｜ 되었다 ｜ 꽤 신속히 정상 속도에 이르게.

❸ The temperature ｜ got ｜ **up to eighty degrees.**
　　온도가 ｜ 되었다 ｜ 80도 이상이.

[❺] Let me [｜ get ‖ you ｜ **up to speed**].
　　[네가 모르고 있던 일을 알려] 줄게.

❺ ｜ Get ‖ us ｜ **up to periscope depth.**
　　｜ 줘 ｜ 우리를 ｜ 잠망경 깊이까지 올려.(HRO458)

❼ I ｜ just got ｜ wised ｜ **up to something funny** last few days.　나는 ｜ 되었다 ｜ 알아차리게 ｜ 지난 며칠 이상한 것을.(GG136)

기본형

❶ He｜'s **up to** something.　　그는 ｜ 무언가 꾸미고 있어.
[❶] I felt sure [he｜'s **up to** no good].　나는 확신해 [그가 ｜ 잘 안될 것으로].
❶ I｜'m **up to** speed again and doing my part.
　　난 ｜ 지금 다시 제 속도를 찾아서, 내가 맡은 분량을 하고 있다.
❶ The temperature ｜ is **up to** eighty degrees.　온도가 ｜ 80도 이상이다.

(cpr + 장소)

❷ We｜'d better get ‖ **up to the school.**
　　우린 ｜ 가는 것이 좋겠어 ‖ 학교로 올라.(2HP76)

❹ Can you ｜ get ‖ it ‖ **up to the fourth floor?**
　　그것을 4층에 올려 주시겠어요?

down under~　　　　　　　　　　　　　~under~

(cpr + 장소)

❸ We｜'d have got ｜ **down under** those paving stones somehow.　우리는 어쨌던 포장된 돌 아래로 내려갈 수 있었을 거야.(CN604)

기본형

❶ I │ was down under the arches.   나는 │ 그 아치 아래 내려 있었다.

up under~
~under~

(cpr + 장소)

❺ We │ 've got ‖ a huge void │ up under the road.
우린 │ 가졌다 ‖ 거대한 갈라진 틈을 │ 도로 아래에서 솟아 있는.

기본형

❶ I │ was up under the rear step of the engine.
나는 │ 그 엔진의 뒤 발판 아래에 서 있었다.

along with~
~with~

(cpr + 사람)

[❸] I just can't seem [│ to get │ along with her].
나는 [그녀와 정말로 마음이 맞지 않는 것] 같다.

❸   │ Get │ along with you!
ⓐ 저리 가!, 썩 꺼져! ⓑ 농담이겠지, 설마.

❸   Do you │ get │ along with your classmates?
너 │ 지내니 (어울리니) │ 동급생들과 같이?

❸   How are you │ getting │ along with your wife?
당신 부인과의 사이는 어떤가?

❸   She │ can't get │ along with her mother-in-law.
그녀는 시어머니와 사이가 좋지 않다.

❸   Susan and Lucy │ do not get │ along with each other.
수잔과 루시는 서로 사이좋게 지내지 못하고 있다.

❸ My son | get | **along** well **with** other children.
  내 아들은 | 있다 | 다른 아이들과 함께 잘 지내고.

[❸] He is hard [| to get | **along** well **with** ∩].
  그는 참 사귀기 어려운 작자지. *∩=him

기본형

❶ I | am along with him.   나는 | 그와 같이 있어.

(cpr + 물건 · 활동)

❷ I | can't get ‖ **along with** this new computer.
  난 | 갈 수 없다 | 이 새 컴퓨터를 따라.

❷ How are you | getting ‖ **along with** your studies?
  어떻게 너는 | 있니 | 네 공부를 해내고?

away with~   ~with~

(cpr + 사람)

❸ | Get | **away with** him! (= Get along with you!)
  | 해라 | 그를 없애도록.

기본형

❶ | Away with him! | 그를 없애라.

(cpr + 물건 · 관념)

❸ Get away! You | 'll never get | **away with** it.
  도망가! 너는 절대로 벌을 면하지 못할 거야.

[❸] Do you think [he | 'll get | **away with** it]?
  너는 [그가 그러고도 무사할거라고] 생각하니?

❸ Who | got | **away with** it?
  누가 그걸 가져갔을까?(NME163)

[❸] In Korea it | is very hard [to commit a crime {and} | get | **away with** it].
한국에서 [죄를 짓고 도망가기는] 매우 어렵다.

❸ He | can't get | **away with** the excuse.
그런 핑계로 벌 받지 않고 넘기지는 못할 걸.

❸ The cashier | has got | **away with** the money.
현금출납원이 | 했다 | 돈 가지고 도망.

❸ They | get | **away with** anything.
그들은 무엇이든 먹어치운다.

기본형

❶ | Away with it! | 그것 치워라!; 그만둬라!
❶ She | was **away with** the money. 그녀는 | 돈과 함께 사라졌다.

down with~   ~with~

(cpr + 사람)

❸ She | 's got | **down with** school.
그녀는 | 매어있다 | 학교 (공부) 에.

기본형

❶ He | 's still **down with** fever.   그는 | 여전히 열병이야.(OOA124)

in with~   ~with~

(cpr + 사람·조직)

❸ I | couldn't get | **in with** him at all.
나는 아무리 해도 그와 친해질 수 없었다.

❸   He │ will get │ **in with** that teacher.
      그는 │ 친해질 것이다 │ 그 선생과.(6HP637)

❸   She │ got │ **in with** a bad crowd.
      그녀는 │ 되었다 │ 나쁜 군중 속에 끼이게.

[❸] She's just trying [│ to get │ **in** (good) **with** the boss].
      그녀는 [사장한테 잘 보이려고 알랑거리는] 것뿐이야.(NQE)

❺   (It) │ Get ‖ him │ **in with** the right people.
      (그건) │ 한다 ‖ 그가 │ 필요로 하는 사람과 친하도록.(5HP155)

기본형

❶ I │ am <u>in with him</u>.   난 │ 그와 친한 사이야.(4HP127)
❶ He │ is (well) <u>in with his boss</u>.   그는 │ 상사와 (잘) 지내.

off with~
~with~

(cpr + 사람)

[❸] He seems to be trying his best [│ to get │ **off with** Miss Lee]. 그는 [이양과 함께 나가려고] 몹시 애쓰는 것 같다. *그는 이양의 마음을 사로잡으려고 몹시 애쓰다.

기본형

[❶] I think [he │ is <u>off with</u> Berkerly].
      [그는 버클리와 함께 나갔다고] 생각해.(OOA174)

(cpr + 관념·활동)

❸   Jimmy │ got │ **off with** a $50 fine.
      지미는 │ 받았다 │ 50달러의 벌금형을.

❸   Their dad │ got │ **off with** a small fine.
      그들의 아빠는 적은 벌금을 물고 빠져나왔다.

⑤　They | got ‖ him | **off with** only a fine.
　　그들은 그를 벌금만 물리고 방면했다.

⑤　The attorney | got ‖ her client | **off with** a slap on the wrist.　변호사는 | 했다 ‖ 고객을 | 가벼운 벌만 받고 나오게.

[⑤]　They managed [| to get ‖ him | **off with** a warning].
　　그들은 그를 [경고만 하고 방면하도록] 하게 했다.

기본형

❶　He | was off with only a fine.　　그는 | 벌금만 물고 나왔다.

on with~　　　　　　　　　　　　　　~with~

(cpr + 사람)

❸　What are your neighbours like? Do you | get | **on with** them?　이웃은 어떠니? 그들과 잘 지내니?

❸　He quit the company as she | couldn't get | **on with** the manager.　그는 지배인과 사이가 좋지 않아서 회사를 그만두었다.

[❸]　He is easy [| to get | **on with** ∩].
　　그는 [사귀기가] 쉽다. *∩=him

❸　They | should get | **on with** each other.
　　그들은 | 해야 한다 | 서로 잘 지내도록.(NQE,4HP126)

❸　Anybody | can easily get | **on with** him.
　　그는 친해지기 쉬운 인간이지.

기본형

❶　He | is on with Mary.　　그는 | 메리와 사귀고 있다.

(cpr + 관념·활동)

❸　| Do get | **on with** your tale!
　　| 해 | 이야기를 시작 (계속).(Ho228)

❸   Don't sit there talking. | Get | **on with** your work.
거기 앉아서 얘기만 하지 말고 일을 시작 (계속) 하여라.

❸   He | 's getting | **on with** his studies.
그의 연구가 진척되고 있다.

❸ | Get | **on with it**.
계속하세요. 《구어》 빨리빨리!, 서둘러!

[❸]   Let's [| get | **on with it**].
우리 [일 좀 하도록] 하자. *자 가자.(LOF74)

기본형

❶ | On with it! | 그것 계속해!

out with~   ~with~

(cpr + 사람)

❸ | Get | **out with you!**
ⓐ 저리 가! *귀찮음 ⓑ 무슨 소리야! *불신

기본형

❶ | Out with you! | 너 저리 가!

(cpr + 사물)

❸ | Get | **out with it!**
입 닥치시오!, 썩 꺼져요!

기본형

❶ | Out with it! | 그것 끝장내.(OT86)

over with~

~with~

(cpr + 사람)

[❸] I'm trying everything [| to get | **over with him**].
난 [그와 끝장을 내기 위해] 모든 노력을 하고 있다.

기본형

❶ I | am **over with** her now.   난 | 이제 그녀와 끝장이다.

(cpr + 사물)

❸ | | 'd like to get | **over with it**.
난 | 하고 싶다 | 그것이 끝장나도록.

❺ | Get ‖ it | **over with** ∩!
| 해라 ‖ 그걸 | 끝장내도록!(5HP40) *∩ = it.

❺ Why don't we | get ‖ it | **over with** ∩?
우리 | 하지 않겠니 ‖ 그것을 | 끝나게? *∩ = it.

[❺] Let's [| get ‖ it | **over with** ∩].
우리 하자 [되게 ‖ 그것을 | 끝나게]. *∩ = it.

❺ We will be glad [| to get ‖ this job | **over with** ∩].
우리는 [그 일이 끝나면] 즐겁겠다.   *∩ = this job.

기본형

❶ My term paper | is all **over with** ∩.   내 기말 논문은 | 끝났어.

through with~

~with~

(cpr + 사람)

❸ | | got **through with her**.
나는 | 되었다 | 그녀와 끝나게.

기본형

❶ Ⅰ | 'm through with her.   나는 | 그녀와 끝났다.

(cpr + 사물)

❸ You can use this pencil when I | get | through with it.
제가 이것을 다 쓰고 나면, 이 연필을 쓰셔도 좋습니다.

[❸] I don't know [when I | 'll get | through with this pile of papers].
나는 몰라 [언제 내가 | 할지 | 이 서류 더미를 끝나게].

❸ Have you | got | through with all the tests?
당신은 모든 시험을 끝냈습니까?

❸ Have you | gotten | through with work?
당신 일 끝냈어요?

기본형

❶ Are you | through with your work?   너 | 일 끝났니?
[❶] I'm very glad [| to be through with the job (without any trouble)].
[그 일이 (무사히) 끝나서] 기쁘다.(NM175)

together with~   ~with~

(cpr + 사람)

❸ I | 'd like to get | together with Jane tonight.
나는 | 하고 싶다 | 오늘 저녁 제인과 데이트를.

❸ I | 'd like to get | together with you sometime.
난 당신을 일단 한번 만났으면 합니다.(ECD471)

❸ We | got | together with a few friends to plan the trip.
우리는 친구 몇몇과 모여서 여행 계획을 세웠다.

[❸] Let's [| get | together with the Hills one of these days].
[힐 씨 집안과 근래 함께 만나기로] 하자.

[❼]　Do you think [your father and I | can get | along | **together with** each other]?
너 [네 아버지와 내가 서로 잘 어울릴 수 있다고] 생각하니?

기본형

❶ They | were **together with** him.　그들은 | 그와 함께 있었다.

up with~

~with~

(cpr + 사물)

❸ You lie down with dogs, you | get | **up with** fleas.
개와 같이 누워 있으면, 넌 | 된다 | 벼룩을 옮기게 된다.

❼ I | will get | caught | **up with** everything.
나는 모든 일을 다 마무리 지을 수 있을 거야.

기본형

❶ I | am **up with** everything.　나는 | 모든 일이 마무리되었다.

along without~

~without~

(cpr + 사물)

❸ We | can't get | **along without** money.
우리는 돈 없이는 살 수 없다.

기본형

❶ I | am **along without** anything.　나는 | 아무 것도 없이 지낸다.

around without~

~without~

(cpr + 사물)

- ❸ You | can't get | **along without** water.
  물 없이 살 수 없다.
- [❸] It is hard [| to get | **around without** a car].
  [차 없이 다니기는] 힘들다.
- [❸] It is difficult for him [| to get | **around without** a cane].
  그는 [지팡이 없이 다니기가] 힘들다.

기본형

❶ He | was <u>around without</u> any help.   그는 | 아무 도움 없이 주위에 있다.

on without~

~without~

(cpr + 사물)

- ❸ You | can't get | **on without** money (in this world)?
  너는 (이 세상에서) 돈 없이는 견뎌내지 못한다.

기본형

❶ Suddenly I | am <u>on without</u> a problem.   갑자기 나는 | 문제없이 계속하게 된다.

유사복합전치사구 (형용사/명사+전치사구)　　　　　　　　　참고

close to~

(cpr + 사람)

❸　I I'd like to get | **close to jane**, but she's unfriendly.
　　나는 제인과 가까워지고 싶다. 하지만 그녀는 너무나 불친절하다.

❸　Why did you | get | so **close to the city** to fight?
　　너희가 어찌하여 성에 그처럼 가까이 가서 싸웠느냐.(2Sam11:20)

기본형

❶ I | am **close to** her.　　　나는 | 그녀와 가까워.

next to~

(cpr + 사람)

❸　The President | got | **next to her**.
　　대통령은 | 되었다 | 그녀 옆에 착석하게.

기본형

❶ The President | was **next to her**.　　대통령은 | 그녀 옆에 착석했다.

PART 4 - 복합전치사구　199

head over heels

(cpr + 사람)

「❺′ He | 's got ‖ me 「**head over heels.**
그는 | 사로잡았다 ‖ 나를 「열렬하게.

기본형

❶ He | was head over heels.   그는 | 열렬했다.

PART 5
명사 *noun*

me....you....him....her....them....suspect....doctor....
mother....lawyer....arm....eye....face....feet....hair....hand..
..head....heart....shoulder....tongue....voice....breakfast...
.dinner....supper....lunch....drink....water....wine....bread.
....meat....groceries....coffee....highball....milk....
butterflies....crops....fish....flower....rose....vegetables....
hat....cloak....coat....dress....suit....tie....boot....
newspaper....books....ticket....bus....car....train....plane...
.bike....phone....letter....Service....Channel....it....picture..
..sunshine....rain....snow....wind....nothing....anything....
something....light....tire....suntan....salt....doll....basket....
doctorate....grades....joke....job....sack....pay....salary....
reward....prize....price....attention....response....
treatment....relief....help....money....penny....wons....forty
....opinions....reputation....clue....justice....idea....
knowledge....question....information....hang....recipe....
handle....glimpse....view....license....permission....
promotion....feeling....fright ~~

사 람

(N′ : me)

❷ **You | got ‖ me!**
넌 | 잡았다 ‖ 날! * 모르겠는데!

❷ **You | got ‖ me?**
너 | 잡았니 ‖ 날? *내 말 알겠어?

❷ **Do you | get ‖ me?**
내 말 알아들었소?

❷ **Her tears | got ‖ me.**
그녀의 눈물은 | 잡았다 ‖ 날. *감동시켰다

❷ **Romantic music really gets me.**
낭만적인 음악이 | 감동시킨다 ‖ 날.

❷ **This problem | gets ‖ me.**
이 문제가 | 잡았다 ‖ 날. *이건 참 곤란한 문제다. 손들었다.

❷ **His conceit | gets | me.**
그 친구의 자만심이 | 잡는다 ‖ 날. *화가 난다

❷ **Their silly remarks | get ‖ me.**
그들의 바보 같은 말이 | 잡는다 ‖ 날. *짜증이 난다.

❷ **His stupid remarks | really got ‖ me.**
그의 바보같은 말이 정말로 신경이 거슬렸다.

[❷] **[What | got ‖ me] was his utter lack of initiative.**
[날 짜증스럽게 하는 것은] 그의 무기력이었다.

[❷] **[What | gets ‖ me] is the attitude of so many of the people.**
[날 괴롭히는 것은] 많은 사람들의 태도이야.

❷ **A ride on the roller coaster | gets ‖ me.**
롤러코스터를 타면 간담이 서늘해진다.

❹ **What has it | got ‖ me ‖ ∨?**
그것은 내게 무엇을 가져다 주었는가?

❹ **You | can always get ‖ me ‖ by telephone.**
당신은 | 항상 연락할 수 있다 ‖ 내게 ‖ 전화로.

⌜❺′   You | can't get ‖ me ⌜at the office until nine.
       넌 | (전화로) 닿을 수 없다 ‖ 나를 ⌜집에서 9시까지는.

(N′ : you)

❷   I | got ‖ you.
     나 | 잡았다 ‖ 널. *놀이에서.

❷   I |'ll get ‖ you yet!
     언젠가 너에게 복수하겠다!

❷   I |'ll get ‖ you, said the gangster.
     너를 죽이고야 말겠다라고 갱이 말했다.

❷   Now I |'ve got ‖ you!
     자, 어때 항복하지!

❷   I | don't get ‖ you. (= I can't understand your actions.)
     무슨 말씀인지 잘 모르겠습니다.

❷   I tried calling you a few times but I | couldn't get | you.
     몇 번 전화했는데 연락이 안 닿았어.(TEPS)

❷ | Get ‖ you [or him, her, them] !
     (자기 자랑 등에 대해 경멸적으로) 그래 장하다, 잘났다! 시시한 소리!

(N′ : him/her)

❷   I |'ll get ‖ him.
     내가 | 찾아보겠어 ‖ 그를.

❷   Just a minute, please. I | will get ‖ him.
     잠시만 기다려. 내가 | 데려올게 ‖ 그를.

❷   Go and | get ‖ him, (= Go get him)
     가서 저희를 인도하여 오라(1Ki20:33)

❷ | Get ‖ him {before} he runs away (escapes).
     | 잡아라 ‖ 그를, 도망가기 전에. *저 녀석 잡아라.

❷   Sir, if you have carried him away, tell me where you have put him, and I | will get ‖ him.
     주여 당신이 옮겨 갔거든 어디 두었는지 내게 이르소서 그리하면 내가 가져가리이다(Jn20:15)

❷   The kidnappers | got ‖ her.
     유괴범들이 | 죽였다 ‖ 그녀를.

❷   The bullet | got ‖ him.

　　　　　충탄이 | 맞췄다 ‖ 그를. *그는 충탄에 맞았다.

❷　　Narcotics | will get ‖ him.
　　　　(그러다가) 그는 마약에 중독되고 말 것이다.

❷　　What | has got ‖ him?
　　　　(그는) 어떻게 되었느냐?

❷　　After sassing his parents, he | really got ‖ his.
　　　　부모에게 말대꾸한 다음, 그는 진짜 벌을 받았다.

❺[❸] We|'ll get ‖ him |[to go with us].
　　　　우리는 | 설득할 거야 ‖ 그를 |[우리와 같이 가도록]. ☞ 비정형절

(N', N'': 사람 일반)

❷　　The detective | got ‖ the **suspect** as he left the restaurant.
　　　　형사는 | 잡았다 ‖ 혐의자를, 그가 식당을 떠나자.

❷　　Please go (and) | get ‖ a **doctor**.
　　　　가 (서) | 모셔와 ‖ 의사를.

❷　　| Get ‖ **Mark** {and} bring him with you.
　　　　네가 올 때 마가를 데리고 오라(2Ti4:11)

❷　　And the girl went and | got ‖ the baby's **mother**.
　　　　그 소녀가 가서 아이의 어머니를 불러오니(Ex2:8)

❹　　| Get ‖ **me** ‖ Jiya, please?
　　　　| 데려와 주시겠어요 ‖ 내게 ‖ 지야를? *지야 좀 바꿔줄래요?

❹　　| Get ‖ **me** ‖ this girl (**as my wife**).
　　　　이 소녀를 (내 아내로) 얻게 해주소서(Ge34:4)

❹　　You|'d better get ‖ yourself ‖ a good **lawyer**.
　　　　넌 유능한 변호사를 구하시는 게 좋겠어.

신체

(N′: arm)

❷ He | got ‖ a broken **arm**.
그는 | 가졌다 ‖ 부러진 팔을. *팔을 부러뜨렸다.

(N′: eye)

❷ Where did you | get ‖ that black **eye**?
어떻게 해서 넌 눈에 멍이 들었니? ☞ 장소 where

(N′: face)

❷ When I'm embarrassed, I | get ‖ a red **face**.
나는 당황하면 얼굴이 홍당무가 된다.

❷ What an ugly **face** she |'s got ‖ ∨!
그녀의 얼굴은 정말 못생겼군!

(N′: feet)

❷ I can't give my speech now. I |'ve got ‖ cold **feet**.
나는 지금 연설을 할 수가 없어. 떨려서 말이야.

❷ I | usually get ‖ cold **feet** when I have to speak in public.
사람들 앞에서 이야기를 해야 할 때면, 나는 대개 다리가 덜덜 떨린다.

[❷] I hope [| you don't get ‖ cold **feet** before the contest].
난 [네가 시합 전에 겁을 내지 말기] 바래.

❷ John | got ‖ cold **feet** {and} refused to go mountain climbing.
존은 겁을 먹고(서) 등산가기를 거절했다.

❷ She |'s got ‖ crow's **feet**.
그녀는 | 있다 ‖ 눈언저리 주름이.

(N′: hair)

❷ Oh! Jim, stop it! I |'m going to get ‖ gray **hairs**.
짐, 제발 그만둬! 난 (너 때문에) 머리가 세려고 한다.

❷ I丨'm getting ‖ gray **hair** {because} I have four **daughters.** 딸이 넷이나 있어(서) 나는 요즈음 머리가 센다.

(N′ : hand)

❷ I丨got ‖ a great **hand.**
  난 I 가졌다 ‖ 좋은 패를. *패가 아주 멋지게 들어왔다.

❹ He丨got ‖ a big **hand** ‖ for his accordion performance.
  그는 I 받았다 ‖ 박수갈채를 ‖ 아코디온 연주로.

❺ The Jews丨got ‖ the upper **hand** I over those who hated them. 유대인이 자기를 미워하는 자를 제어하게 되었다;(Est9:1)

(N′ : head)

❷ I Don't get I a swelled **head.**
  I 마라 I 거만해 지지.

(N′ : heart)

❷ He丨'got ‖ **heart.**
  그는 진심이야.

❷ I Get ‖ a new **heart** and a new spirit.
  너희는 마음과 영을 새롭게 할지어다(Eze18:31)

(N′ : shoulder)

❷ She丨's got ‖ stiff **shoulders.**
  그녀는 I 가졌다 ‖ 뻣뻣한 어깨를. *어깨가 뻣뻣하다.

❷ If you invite her to the party, you丨'll just get ‖ the cold **shoulder.**
  그녀에게 파티에 오라고 초대하면, 퇴짜를 맞을 뿐이다.

(N′ : tongue)

❷ Has the cat I got ‖ your **tongue?**
  고양이가 I 가졌니 ‖ 네 혀를? *입이 없어? 왜 말 못해?

(N′ : voice)

❷ She丨's got ‖ a good **voice.**
  그녀는 I 가졌다 ‖ 좋은 목소리를 *목소리가 참 좋구나.

물건

(N' : 식사)

❷ She | was getting ‖ **breakfast** as usual.
그녀는 | 준비한다 ‖ 보통때와 마찬가지로 아침을.

❷ My husband | usually gets ‖ **breakfast**.
남편이 | 보통 준비한다 ‖ 아침식사를.

[❷] It's my turn [| to get ‖ **dinner** tonight].
[오늘 저녁식사는 내가 준비할] 차례야.

[❷] She helped her mother [(to) get | **dinner**].
그녀는 [어머니가 식사 준비하는 것을] 도왔다.

[❷] Most working wives don't have time [| to get ‖ **supper**].
대부분의 주부 근로자는 [저녁 준비할] 시간이 없다.

❷ Dad | 's just getting ‖ the **dinner**.
아버지는 | 방금 들고 계셔 ‖ 저녁식사를.

「❺' We | will get ‖ **lunch** 「at the hotel.
우리는 | 들 것이다 ‖ 점심을 「호텔에서.

「❺' I | got ‖ **breakfast** 「in town.
나는 | 먹었다 ‖ 아침을 「읍내에서.

(N', N" : 음식)

❷ Have you | got ‖ a **drink**?
당신 | 했어요 ‖ 술 한잔?

❷ Dan | got ‖ another **drink**.
댄은 | 먹었다 ‖ 한 잔을 더.

❷ Where can you | get ‖ this living **water**?
어디서 이 생수를 얻겠습니까?(Jn4:11)

❷ "Come", each one cries, "let me [| get ‖ **wine**]!"
오라 내가 포도주를 가져오리라.(Isa56:12)

❷ I | got ‖ some **groceries**.
나는 | 샀다 ‖ 약간의 식료품을.

❹ Shall I | get ‖ you ‖ some **coffee** (a **drink**)?
커피 좀 (음료수, 술 한 잔) 갖다 드릴까요?(TEPS)

❹ │ │ 'll get ‖ you ‖ a **highball**.
　　하이볼을 가져오도록 하겠다.

❹ │ **Get** ‖ me ‖ a glass of **water**.
　　│ 줘 ‖ 내게 ‖ 물 한잔.

❹ Would you │ get ‖ me ‖ a glass of **water**, please?
　　물 한 컵 갖다 주시겠어요?

[❹] Do you │ want ‖ me │[│ to get ‖ you ‖ a glass of **water**]? 물 한잔 드시고 싶으세요?

❺ Would you │ get ‖ the **milk** from the refrigerator │ for me? 당신은 │ 가져다주시겠어요 ‖ 냉장고에서 우유를 │ 날 위해?

❺ Where can I │ get ‖ **meat** 〈 for all these people 〉∨?
　　이 모든 백성에게 줄 고기를 어디서 얻으리이까(Nu11:13) *∨ = where

❺ Where could we │ get ‖ enough **bread** │∨ in this remote place 〈 to feed such a crowd 〉?
　　우리가 어디서 이런 무리의 배부를 만큼 떡을 얻으리까?(Mt15:33) *∨ = where

(N´,N´: 동·식물)

❷ She │ gets ‖ **butterflies** before every performance.
　　그는 │ 있다 ‖ 나비가 (위장에) 매 공연 전에. *긴장하다

❷ Frost │ got ‖ our **crops**.
　　서리가 │ 망쳤다 ‖ 작물을.

❷ "Tom!" I cried. "I │ 've got ‖ a big **fish**. Come and see it." "탐!" 나는 외쳤다. "큰 걸 잡았어. 와서 보란 말이야."

❷ Where did you │ get ‖ that **flower**?
　　어디서 너 │ 얻었니 ‖ 그 꽃?

❷ The ice storm │ got ‖ the **rose** bushes.
　　우박이 │ 망쳤다 ‖ 장미 숲을.

❷ You │ 've got to eat ‖ more **vegetables**.
　　너는 │ 먹어야 한다 ‖ 야채를 더 많이.

❹ I │ got ‖ her ‖ some **flowers** for her birthday.
　　난 │ 사주었다 ‖ 그녀에게 ‖ 생일을 위한 약간의 꽃을.

(N', N'': 모자)

❷ | Get ‖ your **hat**.
　| 가져와라 ‖ 모자를.

❷ | | 'll get ‖ my **hat**.
　나는 | 가져올게 ‖ 모자를.

❹ | Get ‖ me ‖ my **hat**.
　| 가져다 줘 ‖ 내게 ‖ 내 모자를.

❺ Where did Woody get ‖ that **hat** | ∨?
　어디서 우디는 | 구했나요 (샀나요)? ‖ 그 모자를. *∨ = where

(N': 의복)

[❷] Let no one in the field go back [| to get ‖ his **cloak**].
　밭에 있는 자는 겉옷을 가지러 뒤로 돌이키지 말지어다(Mt24:18)

❷ His sister | got ‖ a new **coat** yesterday.
　그의 여동생은 어제 새 코트를 샀다.

[❷] I want [| to get ‖ a new **dress**].
　새 옷을 하나 사 입어야지.

❷ | Get ‖ the **dress** 〈 she's wearing 〉.
　〈 그녀가 입은 〉 드레스를 잘 보시오.

[❷] I want [| to get ‖ a new **suit**].
　나는 [새 양복을 사고] 싶다.

[❷] Dividing up his clothes, they cast lots to see [**what** each | would get ‖ ∨].
　그 옷을 나눌 새 누가 어느 것을 얻을까하여 제비를 뽑더라(Mk15:24)

[대화]

A : [❺] **What** do you think [| | should get ‖ ∩ | for my dad]?
　제가 [아빠에게 무엇을 해드려야 할 것] 같아요?

B : ❹ Well, you | could get ‖ him ‖ a **tie**.
　글쎄요, 넥타이를 해드리면 어떨까요?(TEPS)

(N': 신발)

❷ Work harder, or you | 'll get ‖ the **boot**.
　더 열심히 해라, 안그러면 너희들 해고될 거야.

PART 5 - 명사　209

[대화]
A : Where's Bill? I don't see him in the restaurant.
빌 어딨니? 식당에서 안 보이네.
B : ❹[❶] He | got ‖ the **boot** | for [being too loud].
그는 너무 시끄럽게 해서 해고당했어.(EID)

(N',N': 서적)

❷ Have you | got ‖ a **newspaper**?
너 | 가지고 있니 ‖ 신문을?

[❷] I came down this morning [| to get ‖ the **newspaper**].
나는 [신문을 가지러] 아침에 내려왔다.

[❷] Go [| get ‖ your **books**].
가서 [책을 가져오너라].

❹ | Get ‖ me ‖ that **book**.
| 갖다 줘요 ‖ 내게 ‖ 저 책 좀.

❺ I | got ‖ a **book** at the library.
나는 | 가져왔다 | 책 한권을 | 도서관에서.

(N',N' : 표)

❷ You | 'll get ‖ a **ticket** {if} you park there.
거기에다 주차하면 딱지를 떼인다.

❹ Will you | get ‖ me ‖ a **ticket**? (= Will you get a ticket for me)? 너 | 사 주겠니 ‖ 내게 ‖ 차표를?

「❺' Where can I | get ‖ a **ticket** ∨?
어디서 내가 | 살 수 있어요. ‖ 차표를? *차표 파는 곳이 어디예요?

[대화]
A : ❷ I | 've got ‖ two football **ticket**. Would you like to go?
미식축구 경기표가 두 장 있어. 함께 갈래?

B : That's sounds great. What teams?
좋아. 어떤 팀들인데?(TEPS)

(N' : 운송수단)

❷ Shall we walk {or} get ‖ the **bus**?
우리 걸을까 {아니면} 버스를 탈까?

❷   I | must get ‖ a new **car**.
　　나는 | 사야 해 ‖ 새 차를.

❷   When will you | get ‖ a **car**?
　　언제 넌 차를 구입할거니?

❷   She | 's got ‖ a new **car**.
　　그녀는 | 가지고 있다 ‖ 새차를.

❷   What time are you | getting ‖ your **train**?
　　넌 몇 시에 기차를 타니?

❷   I | got ‖ the **train** at 9.
　　난 | 탔다 ‖ 9시에 열차를.

❷   She | got ‖ her **plane** two minutes before takeoff.
　　그녀는 | 탔다 ‖ 출발 2분전에 비행기를.

❺   I | 'm getting ‖ a **bike** | <u>for</u> my birthday.
　　난 | 받는다 ‖ 자전거를 | 생일에.

(N′ : 통신수단)

❷   Shall I | get ‖ the **phone**?
　　내가 | 받을까요 ‖ 그 전화?

❷   Did you | get ‖ my **letter**?
　　너 | 받았니 ‖ 내 편지?

[❷] I am unable [| to get ‖ the World **Service**].
　　나는 [월드 서비스 전파를 잡을 수] 없다.

❹   I | can't get ‖ **Channel 5** | <u>with</u> that antenna.
　　난 | 잡을 수 없다 ‖ 채널 5를 | 저 안테나로.

❺   He | gets ‖ a lot of **letters** | <u>from</u> women.
　　그는 | 받는다 ‖ 많은 편지를 | 여자로부터.

「❺′ We | can get ‖ **7 TV channels** 「<u>at</u> my house.
　　난 | 수상할 수 있다 ‖ TV로 7개 채널을 「내 집에서.

[대화 1]

A : ❷ Would you | get ‖ the **phone**?
　　　너 | 받아주겠니 ‖ 그 전화 좀?

B : ❷ I | 'll get ‖ it.
　　　내가 | 받을게 ‖ 그거.(SMV)

[대화 2]

A : ❺I | just got ‖ an acceptance **letter** | from the School of Medicine.
　　나 | 방금 받았어 ‖ 입학허가 통지서를 | 의과대학으로부터.

B : That's wonderful news.
　　그거 참 기쁜 소식이다.(TEPS)

(N′ : 그림)

❷　Do you | get ‖ the **picture**?
　　너 | 잡히니 | 그림이? *그거 이해하겠어?

❷　Did you | get ‖ the **picture**?
　　너 윤곽(감)을 잡았니? *이해되니?

❷　I | get ‖ the **picture**.
　　나는 그것을 알 것 같아.

(N′ : 기상)

❷　I | got ‖ some fresh **air** and **sunshine**.
　　나는 신선한 공기를 마시고 일광욕을 했다.

❷　This room | gets ‖ very little **sunshine**.
　　이 방은 햇빛이 거의 들지 않아요.

❷　Northern Kentucky | is likely to get ‖ **snow** ⟨ mixed with sleet ⟩.
　　북 켄터키는 | 가질 것이다 ‖ ⟨ 진눈개비와 섞인 ⟩ 눈을.

❷　He | got ‖ **wind** of the scheme.
　　그는 | 잡았다 ‖ 그 계획의 낌새를.

❷　Did you | get ‖ **wind** of [what's happening to Harry]?
　　넌 [해리에게 무슨 일이 있는지] 들었니?(EID)

❹　Riyadh | got ‖ 25mm of **rain** ‖ in just 12 hours.
　　리야드는 | 가졌다 ‖ 12시간에 25미리 강수량을.

(N′ : it)

❷　I |'ve got ‖ it.
　　난 | 갖고 있다 ‖ 그걸.

❷　You want something {but} | don't get ‖ it.

너희가 구하여도 받지 못함은(Jas4:2)

❷ Where did you | get ‖ it?
어디에서 너는 | 입수했니 ‖ 그것을?

[❷] Go [| get ‖ it]. (구어체) = Go and | get | it. (문어체)
가서 [그걸 집어라]. = 가서 그것을 집어라.

[대화]

A : I've just ordered a new computer with a 52-speed CD-ROM. 난 52 스피드 CD-ROM이 달린 새 컴퓨터를 바로 주문했어.

B : That's great. When're you | getting ‖ it?
잘했네. 언제 배달된대?(TEPS)

(N′,N″: thing)

❷ The sluggard craves and | gets ‖ nothing,
게으른 자는 마음으로 원하여도 얻지 못하나(Pr13:4)

❷ Where then did this man | get ‖ all these things?
이 사람의 이 모든 것이 어디서 났느뇨.(Mt13:56)

[대화 1]

A : ❹ Can I | get ‖ you ‖ anything?
내가 | 갖다 줄까요 ‖ 당신에게 ‖ 뭐 드릴 것을?

B : No, thanks. I'm just fine for now.
아뇨, 고맙지만 사양해요. 지금 당장은 괜찮아요.(TEPS)

[대화 2]

A : ❹ Can I | get ‖ you ‖ something ⟨ to eat ⟩?
먹을 것 좀 갖다 줄까?

B : No, thanks. I'm not hungry.
아니, 배가 고프지 않아.(SMV)

[대화 3]

A : ❹ Can I | get ‖ you ‖ something ⟨ to drink ⟩?
마실 것 좀 갖다 줄까?

B : No, thanks. I'm not thirsty.
아니, 목마르지 않아.(SMV)

(N', N' : 기타 물건)

❷ | Got ‖ a **light**?
성냥이나 라이터 가진 거 있니?

❷ What if you | get ‖ a flat **tire**?
너 펑크 나면 어떻게 할래?

[❷] I want [| to get ‖ a good **suntan** this summer].
이번 여름에는 살을 잘 태워야겠다.

❹ | Get ‖ me ‖ **salt**.
| 집어 주게 ‖ 내게 ‖ 소금 좀.

❹ | | 'll get ‖ my daughter ‖ a **doll**.
난 | 사주려 한다 ‖ 딸에게 ‖ 예쁜 인형을 하나.

❺ Just do what I say; go and | get ‖ **them** | for me.
내 말만 좇고 가서 가져오라(Ge27:13)

❺ She | got ‖ a papyrus **basket** | for him.
그를 위하여 갈대 상자를 가져왔다.(Ex2:3)

관 념 · 활 동

(N' : 성적)

❷ | | got ‖ all **A**'s last semester.
나는 | 받았어 ‖ 지난 학기에 전과목 A를

❷ | | got ‖ an **"A"** 〈 in math 〉.
나는 | 받았어 ‖ 〈 수학에서 〉 A를.

[❷] I didn't expect [I | would get ‖ such a high **score**].
나는 [그렇게 높은 점수를 얻으리라고] 기대하지 않았다.(TEPS)

❷ He | 's been getting ‖ better **grades**.
그는 | 점점 받고 있다 ‖ 더 좋은 점수를.

❹ | | got ‖ my **doctorate** ‖ in 1994.
나는 | 받았어 ‖ 1994년에 박사학위를.

[대화]

A : ❷ What scores did you | get ∨ last time?

넌 지난 번 몇 점을 받았니?

B : ❷ I | got ‖ a 720 〈 on the verbal 〉, and a 600 〈 on the math 〉.　나는 | 받았어 ‖ 〈 언어에서 〉 720점, 〈 수리에서 〉 600점.(TEPS)

(N' : 농담)

❷　I | don't get ‖ the **joke**.
나는 | 이해할 수가 없다 ‖ 그 농담을.

❷　He | never gets ‖ my **jokes**.
그는 | 조금도 이해 못해 ‖ 내 농담을.

❷　Nobody | got ‖ the **joke**.
아무도 | 이해하지 못했다 ‖ 농담을.

(N' : 직업)

❷　I |'ve got ‖ a new **job**.
나는 | 구했다 ‖ 새로운 직업을.

❷　She | doesn't have to get ‖ a **job**.
그녀는 | 안 해도 돼 ‖ 취직을.

[❷]　I'm 〈 too 〉 old 〈| to get ‖ a **job** 〉.
난 〈 취직하기에는 〉 나이가 〈 너무 〉 많아.

❷　I | got ‖ the **sack** yesterday. Now I have to find a new **job**.　어제 나는 | 당했다 ‖ 해고를. 이제 새 일자리를 찾아봐야한다.

❷　I tried to work harder, but I | got ‖ the **sack** anyway.
나는 더 열심히 일하려고 해보았지만, 어쨌든 쫓겨나고 말았다.

❹　I | got ‖ a part-time **job** at a French restaurant.
나는 | 얻었다 ‖ 파트타임 일자리를 ‖ 프랑스 음식점에서.(TEPS)

❹　I | got ‖ myself ‖ a **job**.
나는 | 구했다 ‖ 내 자신 ‖ 직업을.

(N' : 보상 · 대가)

❷　Sarah | will get ‖ better **pay** 〈 starting next month 〉.
사라는 | 받을 거야 ‖ 〈 다음달부터 〉 월급을 더.

❷　He | gets ‖ a good **salary**.
그는 | 받아 ‖ 후한 월급을.

❷　If you love those who love you, what **reward** will you |

get ‖ V? 너희가 너희를 사랑하는 자를 사랑하면 무슨 상이 있으리오(Mt5:46)

❷ John | will get ‖ the **prize**.
존은 | 탈 거야 ‖ 그 상을.

〈❷〉 Run in 〈 such 〉 a way 〈 as | to get ‖ the **prize** 〉.
〈 상을 얻도록 〉 이와 같이 달음질 하라(1Co9:24)

❷ He | can't get ‖ a good **price** (for his crops).
그는 | 받을 수 없다 ‖ 좋은 값을 (그의 농작물에 대한).

[대화]

A : Hey, ❷ I | got ‖ the **raise**.
야호, 나 봉급 인상 되었어.

B : I|'m very happy for you.
정말 잘됐어.(TEPS)

(N′ : 관심 · 도움)

❷ She | can't get ‖ **attention**.
그녀는 | 받을 수 없다 ‖ 주목을. *아무도 그녀를 거들떠보지 않는다.

❷ Though I cry, 'I've been wronged!' I | get | no **response**; 내가 포학을 당한다고 부르짖으나 응답이 없고(Job19:7)

[❷] My girlfriend expects [| to get ‖ the red carpet **treatment**]. 내 여자친구는 [최고의 대접을 받기를] 기대했다.

❹ The Jews | got ‖ **relief** | from their enemies,
유다인이 대적에서 벗어나서 평안함을 얻어(Est9:22)

❺ If the LORD does not help you, where can I | get ‖ **help** | for you?
여호와께서 너를 돕지 아니하시면 내가 무엇으로 너를 도우랴(2Ki6:27)

(N′ : 돈)

❷ Where did you | get ‖ the **money**?
어디서 너 | 구했어 ‖ 돈을?

❷ We|'ve got ‖ a little **money**.
우리는 | 없다 ‖ 돈이 조금밖에.

❷ I | haven't got ‖ a **penny** today.
그는 | 없다 ‖ 돈이 한 푼도.

❷ He | got ‖ 300,000 **wons** last month.
그는 | 벌었다 ‖ 지난달 30만원을.

❹ I | got ‖ **forty** • an hour ‖ <u>for</u> cops.
나는 | 받아 ‖ 시간당 40불을 ‖ 경찰관에게서.(Fm145)

[대화 1]

A : ❷ Have you | got ‖ any **money**?
너 돈 좀 있니?

B : There is only a little in my bank account.
내 통장에 조금밖에 없어.

[대화 2]

A : ❻ How much **money** do you | get | paid ‖ ∨?
너 급료를 얼마나 받니?

B : I get poorly paid.
조금 받아.(SMV)

(N′ : 의견 · 관점)

❷ I |'d still like to get ‖ a few more **opinions**.
난 | 아직 듣고 싶어 ‖ 의견을 좀 더.

❷ Is it really true? | Please get ‖ a second **opinion**.
정말 그것이 사실이냐? 다른 사람에게 물어봐.

❷ I can believe it. I |'ll get ‖ a second **opinion**.
믿어지지 않는데, 난 남에게 물어봐야겠다.

[❷] That's [where you | get | some differences of **opinion**].
그것에는 서로 의견의 차이가 있다.

[❷] You don't seem [| to get ‖ the **point**].
넌 [요점을 파악한 것] 같지 않아.

❷ She | got ‖ a bad **reputation** for carelessness.
그녀는 | 들었다 ‖ 부주의하다는 악평을.

(N′,N″ : 지혜 · 정보)

❷ | Get ‖ a **clue**. She married you for your money.
| 가져라 ‖ 단서를. (너 바보니)? 그녀는 돈 때문에 너와 결혼했어.

[❷] I would see [that he | gets ‖ **justice**].
내가 [공의를 베풀기를] 원하노라.(2Sa15:4)

❷   I | got ‖ a bright (or good) **idea**.
   난 | 생겼다 ‖ 좋은 생각이.

❷   When a wise man is instructed, he | gets ‖ **knowledge**.
   지혜로운 자가 교훈을 받으면 지식이 더하리라.(Pr21:11)

[❷]   I hope [you | get ‖ this **message**].
   나는 [당신이 이 메시지를 받았으면] 좋겠다.(TEPS)

❷   I|'ve got ‖ a few **question**.   난 | 있어요 ‖ 두어 가지 질문이.

❷   Do you | get ‖ this **question**?   너 | 이해하니 ‖ 이 질문을?

⟨❷⟩   He ⟨ who | gets ‖ **wisdom** ⟩ loves his own soul;
   ⟨ 지혜를 얻는 ⟩ 자는 자기 영혼을 사랑하고(Pr19:8)

[❹]   I asked him [| to get ‖ me ‖ some **information**].
   나는 그에게 [정보를 좀 달라고] 부탁했다.

(N′: 요령)

❷   She | got ‖ the **hang** of bartending very quickly.
   그녀는 | 터득했다 ‖ 바텐더 일의 요령을 매우 빨리.

❺   Where did you | get ‖ the **recipe** | ∨?
   어디서 넌 | 구했니 ‖ 요리법을?(TEPS) *∨ = where

[대화]

A :   [❷] I can't seem [| to get ‖ a **handle** ⟨ on accounting procedures ⟩].   나는 도무지 경리 처리가 서투르단 말야.

B :   Don't worry. You'll get used to them.
   걱정 마. 곧 익숙해질 거야.

(N′: 관망)

[❷]   Crowds shouted and pushed [| to get ‖ a **glimpse** of their hero].   [그들의 영웅의 모습을 보기 위해] 군중들이 소리치고 밀쳤다.

[❷]   Young men climbed on buses and fences [| to get ‖ a better **view**].   [좀 더 나은 관망을 위해] 젊은이들이 버스와 펜스에 올라갔다.

(N′: 허가 · 승진)

[❷]   I want [| to get ‖ a driver's **license** this year].
   나는 [올해 꼭 운전면허증을 따고] 싶다.

❷ You | 'd better get ‖ your father's **permission** ⟨ to go ⟩.
　　넌 | 받아오너라 ‖⟨ 가도 된다는 ⟩ 아버지의 허락을.

[대화]

A : ❷ I'm disappointed. I | didn't get ‖ the **promotion**.
　　난 실망이야. 나는 | 못했어 ‖ 승진.

B : Cheer up. You | 'll get ‖ it next time.
　　힘내. 넌 | 할 거야 ‖ 다음번엔 승진.(TEPS)

(N´: 감정 · 감각)

❷ I | get ‖ the **feeling** [that you're an honest man].
　　나는 | 갖고 있다 ‖ [네가 정직한 사람이라는] 느낌을.　*feeling = that~

❷ I | 've got ‖ stage **fright**.
　　나는 | 있다 ‖ 무대공포증이.

❷ I | got ‖ a **hunch** [that cops might be lying in wait].
　　나는 | 든다 ‖ [경찰들이 잠복해 있지 않나 하는] 육감이.　*hunch = that~

❷ Did you | get ‖ the **look** ⟨ on his face ⟩?
　　넌 | 알아 챘니 ‖ 그의 표정을?

❷ You | 've got ‖ a **taste**.
　　당신은 | 있군요 ‖ 좋은 취향이.

❷ Charles | got ‖ a **shock** when he saw him.
　　찰스는 | 받았다 ‖ 충격을 그가 그를 보았을 때.

❹ I | get ‖ a lot of **pleasure** ‖ from his stories.
　　나는 | 가진다 ‖ 많은 즐거움을 ‖ 그의 이야기에서.

[대화]

A : You | 've got ‖ the wrong **impression**.
　　넌 | 가졌어 ‖ 좋지않은 인상을.

B : I'm not like that at all.
　　난 전혀 그렇지 않아.

(N´: 이름 · 주소)

❷ I | didn't get ‖ your **name**.
　　난 | 알아듣지 못했다 ‖ 성함을 미리.

❷ I | didn't get ‖ your last **name**.
　　난 | 듣지 못했다 ‖ 당신의 성을.

❷   I | didn't quite | get ‖ his **name**.
     난 | 들은 적이 없다 ‖ 그의 이름을.

❹   Could you | get ‖ me ‖ the **address** of the company?
     당신은 | 알려 주겠어요 ‖ 그 회사 주소를?

(N' : 질병)

❷   Have you | got ‖ a **cold**?
     너 | 걸렸니 ‖ 감기가?

❷   You | 've got ‖ a bad **cough**. You'd better stop smoking.
     당신 | 하는군요 ‖ 심한 기침을. 담배를 삼가는 것이 좋겠소.

[❷] I feel [I | 've got ‖ a **fever**].
     난 [몸에 열이 있는 것] 같아.

[❷] I think [I | 'm getting ‖ **flu**].
     나는 [감기에 걸린 것] 같아.

❷   I | 've got ‖ a **headache**.   난 | 있다 ‖ 두통이.

❷   I | 've got ‖ a **heart problem**.
     난 | 앓고 있어 ‖ 심장병을.(TEPS)

❷   When I was five, I | got ‖ **measles**.
     다섯살에, 난 | 걸렸다 ‖ 홍역에.

❷   I | got ‖ a bad **rash**.
     나는 | 났다 ‖ 심한 발진이.(TEPS)

❷   She | 's got ‖ the **runs**.
     그녀는 | 났다 ‖ 배탈이.

[대화]

A : Have you unpacked your bags?   짐은 다 풀었나요?
B : ❷ Not yet. I | 've got ‖ a terrible **backache**.
     아직 못했어요. 허리가 너무 아파서요.
A : ❷ How did you | get ‖ it?   어쩌다 그랬죠?
B : When I was unloading the bed from the truck, I threw out my back.   트럭에서 침대를 내리다가 허리가 삐끗했어요.

(N' : 휴식)

[❷] I wish [I' | d get ‖ a lucky **break** once in a while].

　　　　　난 [가끔 한 번식 휴식을 갖고] 싶다.

❷　　Come with me by yourselves to a quiet place and ｜ get
　　　∥ some **rest**.　너희는 따로 한적한 곳에 와서 잠간 쉬어라(Mk6:31)

❷　　｜ Get ∥ a good night's **sleep**.
　　　｜ 해라 ∥ 푹 자도록.(TEPS)

(N' : 건강관련)

[❷]　I want [｜ to get ∥ a **check-up** in the morning].
　　　나는 [오전에 건강진단을 받고] 싶다.

❷　　I ｜ haven't got ∥ a **bite** all day.
　　　나는 ｜ 먹지 못했다 ∥ 하루 종일 아무것도.

[❷]　The doctor says [I ｜ don't get enough **exercise**].
　　　의사는 [내가 운동부족이라고] 했어.

[대화]

A :　❷ I｜'ve got ∥ the worst a **hangover** ever.
　　　지금 껏 최악의 숙취 상태야.

B :　How much did you drink?
　　　얼마나 마셨는데?(TEPS)

(N' : 수량 · 정도)

❷　　Didn't you ｜ get ∥ that **number**?
　　　당신 ｜ 않았어요 ∥ 그 번호에 연결되지?

[❷]　I'm afraid [you ｜ have got ∥ the wrong **number**].
　　　미안하지만 [전화 잘못 거셨습니다].(TEPS)

❷　　She｜'s got ∥ my **number**.
　　　그녀는 ｜ 알아 ∥ 네 수를. *그녀는 날 잘 알아.

❷　　**What** do you ｜ get ∥ ∨ if you multiply six by nine?
　　　6을 9로 곱하면 무엇이 되니?

❷　　Dividing nine by three we ｜ get ∥ **three**.
　　　9를 3으로 나누면 3이 된다.

❷　　What's the answer? I ｜ get ｜ **nine**.
　　　답이 무엇이니? 난 ｜ 된다 ｜ 9가. *9이다.

❷　　People ｜ did not get ∥ **enough** to drink, yet you have
　　　not returned to me,

PART 5 - 명사　221

만족히 마시지 못하였으나 내게로 돌아오지 아니하였느니라.(Am4:8)

❹ The Levites, however, | do not get ‖ a **portion** ‖ among you, 　레위 사람은 너희에게 분깃이 없나니(Jos18:7)

❹ The trouble | gets ‖ me ‖ a **lot**.
이 문제는 | 곤란하게 한다 ‖ 날 ‖ 매우.

(N′ : much)

❷ How **much** does he | get ‖ ∨ a week?
그는 | 받니 ‖ 1주일에 얼마나?

❷ How **much** can I | get ‖ ∨ a month?
난 | 받을 수 있을까요 ‖ 한 달에 얼마나?

❷ I | 've got ‖ so **much** ⟨ to do ∩ ⟩.
나는 | 있어 ‖ ⟨ 할 일이 ⟩ 많이.

❻ Nowadays young women | get | about ‖ **much** ⟨ more than they used to ⟩.
최근에는 ⟨ 옛날에 비해 ⟩ 여행하는 젊은 여성이 부쩍 늘었다.

(N′ : it)

❷ I | 've got ‖ **it** now.
난 | 알겠어 ‖ 이제 그것을.

❷ What are you talking about? I | don't get ‖ **it**.
무슨 말을 하는 거니? 난 통 못 알아듣겠는데.

❷ This is just between us, | get ‖ **it**?
이것은 비밀이다. | 알았지 ‖ 그점?

❷ You | got ‖ **it**.
ⓐ (상대방의 말을 받아) 그렇고 말고, 바로 그거야.
ⓑ (의뢰·요구에 답하여) 알았소, 좋소; 마음대로 하시오.
ⓒ (교신에서) 응답 바람.

❷ You | are going to get ‖ **it**.
너는 | 맞을 거야 ‖ 야단을.

❷ He | will get ‖ **it** {when} he is caught by cheating in the exam. 　시험에서 컨닝 하다가 들키면 그는 벌 받을 거야.

❷ I think somebody's at the door. I | 'll get ‖ **it**.
밖에 누가 온 것 같은데. 내가 나가 보겠어.

[대화]

A : I've been trying to explain this to you for over an hour.
❷ Don't you | get ‖ it yet?
한 시간도 넘게 설명했는데도, 아직도 이해가 안되니?

B : I|'m afraid I don't.
유감이지만 그래요.(TEPS)

(N′: better · best)

❹ He | always get ‖ **the better** ‖ of his opponent.
그는 언제나 적수를 이긴다.

❹ Cunning | often get ‖ **the better** ‖ of honesty.
교활은 종종 정직을 이긴다. ☞ of~

❹ She | got ‖ **the best** ‖ of you again?
그녀가 널 또 이겼니?

❹ He | got ‖ **the best end** ‖ of the deal.
그는 유리한 거래를 하였다.

(N′: 기타 관념 · 활동)

❷ Do that again and you |'ll get ‖ a **beating**.
다시 한 번 그렇게 했다가는 난 | 맞는다 ‖ 매.

❷ You|'ve got ‖ a **call**. (= There is a (phone) call for you) 당신 전화 왔어요.

❷ You dressed up and | got ‖ a **haircut**.
너 옷도 빼입고 이발도 했네.

❷ I had to walk {because} I | couldn't get | a **lift**.
난 차를 얻어 타지 못해서 걸어야 했다.

❷ I|'ve got ‖ a new **plan**.
나는 | 있어 ‖ 새로운 계획이.

❷ **What** more can he | get ‖ ∨⟨ but the kingdom ⟩?
그가 얻을 것이 ⟨ 나라밖에 ⟩ 더 무엇이냐(Sa18:8)

[대화]

A : ❷ I | never got ‖ a **chance** ⟨ to thank you for that ⟩.
난 | 갖지 못했어요 ‖⟨ 그것으로 당신께 사례할 ⟩ 기회를.

PART 5 - 명사   223

B : Well, you can start by buying me a drink.
그렇다면 술 한 잔 사면 되겠군요.(TEPS)

(P′ : 기타)

❸ It|'s got | **so** {that} Bill couldn't sleep for love of Linda.
빌은 린다가 보고 싶어 잠을 못 이룰 지경이었다.

⟨❸⟩ He turned about ⟨ **as** ⟩ serious ⟨ **as** [he | ever got | ∩(= as)]⟩.   그는 변했다 ⟨ [그가 심각할 수 있었을] 만큼 ⟩ 심각하게. *as=so=serious

장소

(P′ = here)

❸ He | just got | **here**.
그가 | 금방 도착했어 | 여기에.

❸ Rabbi, when did you | get | **here**?
랍비여 어느 때에 여기 오셨나이까?(Jn6:25)

❸ I will hear your case when your accusers | get | **here**.
너를 송사하는 사람들이 오거던 네 말을 들으리라.(Ac23:35)

[대화 1]

A : ❸ When did you get | **here**?
너 여기 언제 도착했니?

B : ❸ I | got | **here** about 10 minutes ago.
약 10분 전에 왔어.(SMV)

[대화 2]

A : ❸(❷) How did you | get | **here** (‖ to work)?
여기 올때 (출근할 때) 무엇을 타고 왔니?

B : A neighbor gave me a ride.
이웃 사람이 태워줬어.(TEPS)

[대화 3]

A : [❸] How long did it take you [| to get | **here**]?

         넌 [여기에 도착하는 데] 얼마나 걸렸니?
B : [❸] It took me 45 minutes [| to get | **here**].
         [여기에 도착하는 데] 45분 걸렸어.(SMV)

[대화 4]

A : Sorry. have I kept you waiting long?
         미안해. 오래 기다렸지?
B : No, ❻ I | just got | **here** ‖. myself?
         아니, 나도 방금 도착했어.(TEPS)

기본형

❶ He | is **here**.   그는 | 여기 있어.

(P′ : home)

❸   When I | got | **home**, it was very dark.
     내가 집에 도착했을 때, 매우 어두웠다.

❸   They | got | **home** sooner than they had expected.
     그들은 | 도착했다 ‖ 집에, 생각보다 빨리.

[❸] He was looking forward to [getting | **home**].
     그는 [집에 도착하기를] 고대하고 있었다.

❸   She | got | half way · **home**.
     나는 | 되었어 ‖ 반 정도 성공하게.

❼   We | had better get | along | **home** before it rains.
     우리는 집에 가는 것이 좋겠어, 비가 오기 전에.

기본형

❶ I | ′m **home**.   난 | 집에 있어. *도착했어.
❶ And you | ′re halfway · **home**.   그러면 너는 | 반은 성공한 거야.(Zhi)

(P′ : there)

❸   Please call me up {as soon as} you | get | **there**.
     네가 | 도착하는 즉시 | 거기에, 나에게 전화해 줘.(TEPS)

[❸] Jason and Christine tired [| to get | **there** before dark].

제이슨과 크리스틴은 [어둡기 전에 거기 도착하려] 노력했다.

❸ I | got | half way • **there**.
나는 | 갔어 ‖ 반 정도 거기에.

❺ I|'ve got ‖ you | **there**!
내가 | 잡았어 ‖ 널 | 거기에서. *어때 손들었지!

❺ You|'ve got ‖ me | **there** (or good)!
너에겐 손들었어! 그 점에선 손 들었네.

❺ You|'ve got ‖ a point | **there**.
넌 | 있다 ‖ 일리가 | 거기에. *그 말에도 일리가 있다.

기본형

❶ Are you | there?   너 | 거기 있니?

(P' : (~)where)

❸ You | might just get | **somewhere** if you work harder.
더 열심히 일한다면 넌 | 갈 수 있다 | 어딘가. *성공할 수 있다.

[❸] Radical factions say [the talks | are getting | **nowhere**].
급진파는 [대화가 진전이 없다고] 말해.

❺ My perseverance | was getting ‖ me | **somewhere**.
나의 인내심이 | 가게하고 있다 ‖ 날 | 어딘가. *성공시키고 있다.

「❺′ **Where** did you | get | that black eye 「∨?
넌 | 들었니 ‖ 그렇게 눈이 퍼렇게 멍이 「어디에서 (어떻게 하다가)?

❼ **Where** can I | get | in touch | with you | ∨?
내가 | 할 수 있을까요 | 연락 | 당신과 | 어디서?

❼ **Where** do you | get | on the bus {and} | get | off the bus | ∨?
넌 어디서 버스를 타고 내립니까?

기본형

❶」 Where were」you?   너 | 어디 있었니?

(N',N",P' : 주거)

❷   When I | get ‖ the **floor**, I'll make a short speech.
내가 | 얻게 되면 ‖ 발언권을, 짧은 연설을 할 것이다.

❷   Okay everybody, Jerry | get ‖ the **floor**, so let's listen.
자, 여러분, 제리가 | 합니다 ‖ 발언을. 잘 듣도록 하세요.

[❷]   He had been having trouble [| getting ‖ a hotel **room**].
그는 [호텔 방을 얻는데] 어려움을 겪고 있었다.

❹ | Get ‖ me ‖ **room** 365, please.
| 줘요 ‖ 날 | 365 호실로 연결해.

❺ | Get ‖ these desks | **upstairs**.
| 갖다 둬요 ‖ 이 책상들을 | 위층에.

[❺]   I want [| to get ‖ the chairs | **upstairs**].
난 [이 의자들을 2층으로 나르고] 싶다.

(N' : 지명)

❷   I |'m getting ‖ **Chicago**.
난 | 된다 ‖ 시카고와 연결이. *소리가 들려온다.

시간

(N' : 시간)

❷   I |'ve got ‖ only a little **time**.
난 | 없다 ‖ 시간이 조금밖에.

❷   We |'ve got ‖ plenty of **time**.
우리는 | 있다 ‖ 시간이 많이.

❷   I'll fix it {as soon as} I | get | the **time**.
내가 시간이 나면 그걸 고칠게.

❷   You | got ‖ a **minute**, Andy?
앤디, 너 | 있니 ‖ 잠깐 얘기 좀 할 시간?

「❺'   You | get ‖ **time** ⟨ to think ⟩ 「in prison.
너는 | 가진다 ‖⟨ 감옥에서 생각할 ⟩ 시간을.

PART 5 – 명사   227

❷ We | haven't got ‖ **all day.**
　　우리는 | 가지고 있지 않아 ‖ 온종일을. *허비할 시간 없어.

❷ He | got ‖ six **months.**
　　그는 | 받았다 ‖ 6개월의 형을 선고.

❷ Whenever I | | get ‖ the **chance,** I go to Maxim's for dinner.　기회가 있을 때마다 난 저녁 먹기 위해 맥심에 간다.

(N´ : 생애)

[❷] What good thing must I do [| to get ‖ eternal **life**]?
　　내가 무슨 선한 일을 하여야 영생을 얻으리까(Mt19:16)

❷ | Get ‖ a **life!**
　　| 가져라 ‖ 생기를! 사는 목적을 찾아봐! 정신 차려! 할 일 그리 없니!

❷ She | got ‖ a **life sentence.**
　　그녀는 | 받았다 ‖ 무기징역 선고를.

「❺´ How does he | get ‖ his **living** 「∨?
　　그는 무엇으로 벌어먹고 사나?

PART 6
동사 *verb*

bore....break....burn....catch....change....clean....coop....cut....do....divorce....dress....drink....finish....fire....fix....go....hurt....interest....lose....make....marry....mend....mix....pay....pick....produce....remove....repair....rid....run....scare....set....start....sting....tire....wash....work....typewrite....crack....go....move....roll....talk....tremble....come....go....say....shut....sleep....start....at+~ing....for+~ing....from+~ing....out of+~ing....off+~ing....to+~ing

bore   ~ed

(N : 사람)

❸　The boys | were getting | **bored**.
　　소년들은 | 지고 있었다 | 지루해.

기본형

[❶] I think [they | were **bored**].　[그들은 | 심심했나] 봐.(BE112)

break   ~ed

(N' : 신체)

❺　I | got ∥ my arm | **broken**.
　　나는 | 말았다 ∥ 팔을 | 부러뜨리고. *팔이 부러졌다.

기본형

❶ My heart | almost **broke**.　가슴이 | 찢어지는 듯 했어.(SED)

(N : 사물)

❸　A pane of glass | got | **broken**.
　　유리창 한 장이 | 버렸다 | 부서져.

❸　My car | got | **broken** (∥) **into** ∩.
　　누가 내 차를 부수고 들어갔어요.(ECD266)

기본형

❶ A pane of glass | was **broken**.　유리창 한 장이 | 부서졌다.

burn ~ed

(N, N´ : 신체)

❸　If you play with matches you | will get | **burned**.
　　성냥으로 장난하면 넌 | 될 것이다 | 데이게 (화상을 입게).

❺　He | got ‖ his fingers | **burned** by his last girl friend.
　　그는 | 되었어 ‖ 손가락을 | 데이게, 마지막 여자친구에게. *불쾌하다.

기본형

❶　The soup | is **burned**.　　이 수프는 눌었다.

catch ~ed

(N : 사람)

❼　We | got | almost **caught** | by the police.
　　우리는 | 하였다 | 거의 잡힐 뻔 | 경찰에. (TEPS)

❼　Absalom's head | got | **caught** | in the tree.
　　압살롬의 머리가 그 상수리나무에 걸리매(2Sa18:9)

❼　His fingers | got | **caught** | in the door.
　　그녀의 손가락이 | 되었다 | 끼게 | 문에. ☞ 절 catch

축소형

❸　His fingers | were **caught** | in the door for a few minutes.
　　그의 손가락들이 | 끼여 있었다 | 몇 분간 문에.

기본형

❶　His fingers | were in the door for a few minutes.
　　그의 손가락들이 | 몇 분간 문에 끼여 있었다.

change   ~ed

(N' : 사물)

❺ Can we | have | get ‖ the programme | **changed**?
   우리는 | 할 수 있니 ‖ 그 계획이 | 변경되도록?

기본형

❶ My life | was **changed** (‖ by the death of my sister).
   내 인생이 | 변했다 (‖ 내 누이의 죽음에 의해).(CPK112)

clean   ~ed

(N' : 사물)

❺ I | must get ‖ the car | **cleaned**.
   난 | 해야 해 ‖ 차를 | 청소.

기본형

❶ This bathroom | was **cleaned**.   목욕탕이 | 청소되었다.

coop   ~ed

(N : 사람)

❸ I | got | **cooped** • up.
   나는 | 되었다 | 집에 틀어박혀 있게.

기본형

❶ I | was **cooped** • up.   나는 | 집에 틀어박혀 있었다.

cut   ~ed

(N' : 신체)

❺   I ǀ must get ǁ my hair ǀ **cut**.
나는 ǀ 해야 겠다 ǁ 머리를 ǀ 깍도록.

❺   I ǀ've got to get ǁ my hair ǀ **cut**.
나는 이발을 해야겠다.

기본형

❶ My hair ǀ is **cut** now.   내 머리는 ǀ 지금 깎은 상태이다.

divorce   ~ed

(N : 사람)

❸   They ǀ got ǀ **divorced**.
그들은 ǀ 되었다 ǀ 이혼하게.

기본형

❶ They ǀ are **divorced**.   그들은 ǀ 이혼한 상태이다.

do   ~ed

(N' : 사물)

❺   Let's get busy, {and} ǀ get ǁ the job ǀ **done**.
서둘러(서) 하자 ǁ 일이 ǀ 끝내지도록.

❺   ǀ Get ǁ it ǀ **done**.
그것을 해라. 끝내라.

❺   I | have to get ‖ my paper | **done**.
나는 | 해야 한다 ‖ 논문을 | 끝내도록.(TEPS)

[❺]   I |'d like [| to get ‖ things | **done** quickly].
나는 [일을 빨리 해치우는 것을] 좋아한다.

[❺]   It was best [| to get ‖ things | **done** quickly].
[일을 빨리 해치우는 것이] 최선이다.

기본형

❶ Your toast | is done.   네 토스트 | 다 됐어.

dress ~ed

(N : 사람)

❸   Hurry up {and} | get | **dressed**.
서둘러{서} 해요 | 옷을 걸치도록.

❸   You |'d better get | **dressed**.
옷을 걸치는 것이 좋을 겁니다.

❸ | Get | **dressed** · up right away, and come over here as quickly as possible.
곧 좋은 옷으로 바꿔 입고, 가급적 빨리 이리로 오세요.

기본형

❶ I | am dressed · up now.   나 | 이제 옷 다 입었다.

drink ~ed

(N : 사람)

❸   You | got | **drunk**.

너 | 되었군 | 취하게. *술이 과하였어.

[❸] How long will you keep on [| getting | **drunk**]?
네가 언제까지 취하여 있겠느냐?(1Sa1:14)

[❸] He then begins [to eat and drink and | get | **drunk**].
그 종이 먹고 마시고 취하게 되면(Lk12:45)

기본형

❶ You | are **drunk**.　　　　너 | 취했군.

finish　　　　　　　　　　　　　　　　　　　~ed

(N' : 사람)

❺ 　I | 'll get ‖ it | **finished**.
내가 | 할 거야 ‖ 그걸 | 끝나게.

[❺] 　I want [| to get ‖ my work | **finished** by noon].
난 [일을 정오까지 해치우고] 싶다.

기본형

❶ My work | is not **finished** yet.　내 일이 | 아직 끝나지 않았어.

fire　　　　　　　　　　　　　　　　　　　　~ed

(N : 사람)

❸ 　He | finally got | **fired**.
그는 | 결국 되었다 | 해고.

[대화]

A : 　Did you hear? ❸ Mike | got | **fired** yesterday.

소식 들었니? 마이크가 어제 해고되었어.

B : Well, he's had it coming for a long time. He always does sloppy work.   그래, 벌써부터 그렇게 될 줄 알았어. 일이 항상 엉터리야.(TEPS)

기본형

❶ You│'re fired.   넌│해고야.

fix   ~ed

(N' : 사물)

❺   I │ got ‖ my typewriter │ **fixed**.
     나는 │ 했다 ‖ 타자기를 │ 수리되게.

❻   I │ got ‖ my watch │ **fixed**.
     나는 시계를 수선시켰다.

[❺] I might benefit from [│ getting ‖ my teeth │ **fixed**].
     [이빨을 치료하면] 도움이 될 것 같아.

[❺] Let's [│ get ‖ everything │ **fixed** • up now].
     우리 [만사를 지금 결정하기로] 하자.

기본형

❶ My watch │ was fixed.   시계가 │ 수리되었다.

go   ~ed

(N' : 사람)

❺   │ Get ‖ thee │ **gone**.
        가버려, 꺼져 버려.

기본형

❶ | Be gone. | 가버려

hurt ~ed

(N : 사람)

❸ They | got | hurt.
그들은 | 당했다 | 부상.

기본형

❶ She | was hurt.   그녀는 | 다쳤다.

interest ~ed

(N' : 사람)

[❺] [What | got ‖ me | interested] was looking at an old New York Times.
[나를 관심 끌게 하는 것]은 오래된 뉴욕 타임즈를 보는 것이다.

기본형

❶ Are you | interested?   너 | 관심 있니?

lose ~ed

(N : 사람)

❸ | Get | lost. (= clear off!)
ⓐ 사라져라. ⓑ 믿을 수 없어.

[대화 1]

A :   Why are you so late?
왜 너 이렇게 늦었어.

B :   I | got | lost.
길을 잃어 버렸어.

[대화 2]

A :   Hey Baby. How about a kiss?
어 자기. 키스할까?

B : | Get | **lost**, you creep!
꺼져, 엉큼한 작자야!

기본형

❶ I | was lost.   난 | 길을 잃었어.

(N : 사물)

❸   The ball | got | lost.
공이 | 버렸어 | 없어져.

기본형

❶ The ball | was lost.   공이 | 없어졌어.

make   ~ed

(N' : 사물)

❺   You | got ‖ it | made.
    너는 | 했다 ‖ 그것이 | 만들어지게. *그것을 해냈어.

기본형

❶ The point | 's made.   요점은 | 보여졌어.

marry   ~ed

(N : 사람)

❸   When did you | get | married?
    언제 당신은 | 되었니 | 결혼하게?

[❸] I hear [you | are getting | married soon]. Who's the lucky man?
    [곧 결혼하신다]는 이야기 들었어요. 행운의 남자는 누구세요?

❸   We | got | married (over thirty years ago).
    우리가 결혼한 지 30년이 넘었다.

❸   Still another said, "I | just got | married, so I can't come." 나는 장가들었으니 그런고로 가지 못하겠노라 하는지라.(Lk14:20)

[대화]

A : ❸ When are you | getting | married?
     너희 언제 결혼하니?

B : We | 're not.   결혼 안 할 거야.

A : Why not? I thought your were engaged.
    왜? 약혼할 걸로 아는데.

B : Yes, but not anymore.
    그랬지, 하지만 이젠 아니야.(TEPS)

기본형

❶ I | am married.   난 | 결혼한 상태야.

mend   ~ed

(N′ : 사물)

❺ | Get ‖ your watch | **mended**.
     | 해라 ‖ 시계를 | (시계방에서) 고쳐 달라고.

기본형

❶ Least said, | soonest **mended**.
적게 말하면 | 가장 빨리 고쳐진다. *말은 적을수록 좋다.

mix   ~ed

(N : 사람)

❸   I | got | **mixed · up**!
     난 | 되었어 | 혼동하게.

[대화]

A : ❻ I | got | **mixed · up** | in something.
        난 | 되었다 ‖ 연루 | 무언가에

B : ❸ | **Mixed · up** | in what?
        | 연루되었다고 | 뭐에?(TS)

기본형

❶ I | am **mixed · up**.   난 | 혼란스러워.

pay ~ed

(N : 사물)

❻ How much money do you | get | **paid** ‖ ∨?
당신은 | 받아요 ‖ 급료를 얼마나?(TEPS)

기본형

❶ I | am poorly **paid**.   난 | 조금 받아요.

pick ~ed

(N' : 사물)

❻ I | got ‖ my pocket | **picked**.
나는 소매치기를 당했다.

기본형

❶ Police official pocket | is **picked**.   경찰관 호주머니가 | 소매치기 당하다.(UPI)

produce ~ed

(N : 사물)

❸ The play | got | **produced**.
그 희곡은 | 되었다 | 연극으로 제작.

기본형

❶ How coal | is **produced**.   석탄이 생산되는 방법

remove   ~ed

(N′ : 사물)

❺　　He | got ‖ his wisdom teeth | **removed**.
　　　그는 | 했다 ‖ 사랑니를 | 빼도록.

기본형

❶ The affected tooth | was **removed**.　앓던 이가 | 빠졌다.

repair   ~ed

(N′ : 사물)

❺　　Where can I | get ‖ it | **repaired**?
　　　어디서 난 | 할 수 있을까 ‖ 이걸 수리되게?

기본형

❶ My computer | was **repaired**.　내 컴퓨터가 | 수리되었다.

rid   ~ed

(N : 사람)

❻　　I | can get | **rid** ‖ of this work in no time.
　　　난 | 낼 수 있다 | 끝장 ‖ 이 일을 곧.

[❻]　It is not easy [| to get | **rid** ‖ of a bad habit].
　　　[나쁜 습관을 버리기는] 쉽지 않다.

[❻]　Once you get cold, it is hard [| to get | **rid** ‖ of it].
　　　한 번 감기에 걸리면 좀처럼 [고쳐지지 않아].　☞전치사구 of~

[대화]

A : I | have to get | **rid** ‖ of my car.
제 차를 처분해야 되겠어요.

B : What's wrong with it?
어디가 이상이 있어요?

A : It's too old.
너무 오래되었습니다.(SMV)

축소형

❸ She | was **rid** ‖ of the disease. 그녀는 병에서 벗어났다.

(N : 장소)

❸ The office | got | **robbed** last night.
사무실은 | 되었다 | 강도 맞게 간밤에. *사무실에 강도가 들었다.

기본형

❶ The post office | was **robbed**. 우체국에 | 강도가 들었다.

run ~ed

(N : 사람)

❸ She | got | **run** (‖) over {and} killed.
그녀는 (차에) 치게 되어{서} 죽었다.

기본형

❶ She | was **run** (‖) over. 그녀가 | 치였다.

scare ~ed

(N : 사람)

❸   When I get nervous, I | get | **scared**.
나는 긴장되면, 난 | 진다 | 무서워.

기본형

❶ I | am scared.   나는 | 무서워.

set ~ed

(N : 사람)

❸ | Get | **set**!
(경주 등에서) 준비!

기본형

❶ Are you | all set?   너 | 준비됐니?

start ~ed

(N,N' : 사람)

❸   Let's [| get | **started**].
우리 [시작하도록] 합시다. (TEPS)

❺ | Don't get ‖ me | **started**.
| 하지 마 ‖ 날 | 시작하게. *날 화나게 하지마.

기본형

❶ I | am started {and} finished in half an hour.
나는 | 시작해(서) 반시간에 끝냈다.

(N′ : 사물)

❺ She | couldn't get | the car | started.
그녀는 | 할 수 없었다 ‖ 차를 | 시동걸리게. ☞ to start

기본형

❶ The engine | was started.   엔진이 | 움직이기 시작했다.

sting   ~ed

(N : 사람)

❻ He | got | stung ‖ by a bee.
그는 | 되었다 | 쏘이게 ‖ 벌에.

축소형

❸ He | was stung ‖ by a bee.   그는 | 쏘였다 ‖ 벌에.

tire   ~ed

(N : 사람)

❻ I |'m getting | sick and tired ‖ of this button-down life.
난 | 된다 | 지겹게 ‖ 이 틀에 박힌 생활이.

축소형

❷ I | 'm sick and tired ‖ of this button-down life.
  난 | 지겹다 ‖ 이 틀에 박힌 생활이.

wash   ~ed

(N' : 사물)

❺   I | got ‖ my car | **washed**.
    나는 | 시켰다 ‖ 차를 | 세차.

기본형

❶ My car | was **washed**.   차가 | 세차되었다.

work   ~ed

(N : 사람)

❸   No wonder you | got | all **worked**•up.
    당신이 열 받는 이유를 알 것 같아.(TEPS)

[대화]
A : [❸] There's no need [to get | **worked**•up]. I'm sure
     you will do fine.   흥분할 필요없어. 분명히 잘 해낼 거야.
B : Thank you, but I'm still nervous about my job interview.
     고마워. 그래도 면접 때문에 떨려.(TEPS)

기본형

❶ I | am all **worked**•up now.   난 | 지금 열받았다.

typewrite ~ed

(N′ : 사물)

❺ ｜ Please get ‖ this ｜ **typewritten**.
｜ 주세요 ‖ 이것을 ｜ 타이프로 쳐.

기본형

❶ It ｜ is **typewritten**.   그것은 ｜ 타이프로 쳐 있다.

crack ~ing

(N : 사람)

❸ You ｜ 'd better get ｜ **cracking**.
넌 ｜ 좋을 거야 ｜ 서두르는 것이.

[❸] The fishmen decided [｜ to get ｜ **cracking** early in the morning].   어부들은 [아침 일찍 서두르기로] 결정했다.

기본형

❶ You ｜ 'd better (be) **cracking**.   넌 ｜ 서두르는 것이 좋을 거야.

go ~ing

(N : 사람)

[❸] Let's [｜ get ｜ **going**]!
우리 [가도록] 합시다! *빨리 합시다; 자, 해봅시다.

⟨❸⟩ It's time ⟨ we ｜ got ｜ **going** ⟩.   떠날 때가 됐다.

기본형

[❶] Let's [ǀ be going]!   우리 [갑시다]!. *합시다; 해봅시다.

(V : 사물)

❺   We ǀ finally got ‖ the clock ǀ going {after} new batteries were put in it.
우리는 새 약을 넣고(서야), 결국 시계를 가게 했다.

❺   We ǀ 'll get ‖ things ǀ going soon.
우리는 ǀ 할 것이다 ‖ 만사가 ǀ 궤도에 오르게.

기본형

❶ Things ǀ will be going soon.   곧 만사가 궤도에 오를 것이다.

move   ~ing

(N : 사람)

❸   (I'd) ǀ Better get ǀ moving.
(난) ǀ 하는 것이 좋겠다 ǀ 움직이도록. *이제 슬슬 가야겠다.

❸   Come on, everybody. ǀ Get ǀ moving!
자! 모두들, 빨리 합시다!

[❸] I aim to be off the lake before dawn, so let's [ǀ get ǀ moving].
동트기 전에 호수에서 떠나려 해, 그러니 [슬슬 움직이도록] 하자.

기본형

❶ (I'd) ǀ Better be moving.
(난) ǀ 움직이는 것이 좋겠다. *이제 슬슬 가야겠다.

roll ~ing

(N : 사람)

❸ | Get | rolling.
| 하자 | 구르도록. *떠나자.

기본형

❶ Why you | should be **rolling**. 왜 넌 | 떠나야 하니.

(N : 사물)

[❺] Let's [| get ‖ the ball | **rolling**].
자, 일을 시작합시다.(TEPS)

기본형

❶ It | 's gonna be **rolling**. 그건 | 굴러갈 거야. *잘 되어 갈거야.

talk ~ing

(N : 사람)

❸ {When} these women | get | **talking**, they go on for hours. 이 여자들은 말을 시작했다 하{면} 몇 시간이나 계속한다.

기본형

❶ They | were **talking** for hours. 그들은 | 수 시간 이야기하고 있었다.

tremble ~ing

(N : 사람)

❼　He | got | up | **trembling**.
　　그는 | 섰다 | 일어 | 떨면서.(Ho16)

기본형

❶ He | was trembling.　　　그는 | 떨고 있었다.

come to~

(N,N' : 사람)

❸　I | got | **to come**.
　　난 | 있었다 | 그럭저럭 올 수.

[❺]　Try [| to get ‖ him | **to come**].
　　[그에게 오라고] 말해 보세요.

기본형

❶ He | was to come.　　　그는 | 오려고 했다.

go to~

(N : 사람)

❸　I | couldn't get | **to go**.
　　나는 | 될 수 없었다 | 가게.

기본형

❶ I | wasn't be able **to go**.　　　난 | 갈 수가 없었다.

say　　　　　　　　　　　　　　　to~

(N': 사물)

❺　What have you | got ‖ ∨ | **to say**?
　　넌 | 가졌니 ‖ 무엇을 | 말할? *네가 할 말은 뭐야?

기본형

❶ What | is **to say**?　　　무엇이 | 말해질 거니? *할 말이 뭐야.

shut　　　　　　　　　　　　　　to~

(N': 사물)

❺　I | can't get ‖ this door | **to shut** properly.
　　나는 | 할 수 없다 ‖ 이 문을 | 제대로 닫히게.

기본형

❶ The door | was not able **to shut** properly.　이 문은 | 제대로 닫히지 않는다.

sleep
to~

(N : 사람)

❸ She | finally got | **to sleep** after midnight.
그녀는 | 결국 되었다 | 자정이 지나서야 잠들게.

기본형

❶ She | was **to sleep** for a hundred years. 그녀는 | 백년간 잠이 들 운명이었다.

start
to~

(N' : 사물)

❺ We | couldn't get ‖ the car | **to start**.
우리는 | 할 수 없었다 ‖ 차를 | 출발하게. ☞ started

기본형

❶ The car | was not able **to start**.   차가 | 출발할 수 없었다. *시동이 걸리지 않았다.

at+~ing
pr+~ing

(N : 사람)

❻ She | is getting | good ‖ **at swimming**.
그녀는 수영을 점점 잘하게 된다.

축소형

❷ She | is good ‖ **at** swimming. 그녀는 | 잘한다 ‖ 수영을.

for+~ing   pr+~ing

(N : 사람)

❹ I | got ‖ a ticket ‖ **for speeding.**
   속도위반으로 딱지를 받았다.

❹ My girlfriend | got ‖ a big hand ‖ **for singing** so well.
   여자친구는 노래를 너무 잘해서 대단한 박수채를 받았다.

from+~ing   pr+~ing

(N : 사람)

❹ I | got ‖ most of [what I know] ‖ **from reading.**
   나는 | 얻었다 ‖ [내가 아는] 지식 대부분을 ‖ 독서에서.(1TAT62)

out of+~ing   pr+~ing

(N' : 사물)

❺ He | got ‖ a big kick | **out of** (or from) **surfing.**
   그는 | 가졌다 ‖ 큰 즐거움을 | 파도타기에서.

기본형

❶ There is」 a big kick | **out of** (or from) **surfing.**
  큰 즐거움이 | 파도타기에 있다.

off + ~ing
pr+~ing

(N : 사람)

❻ Where does one get | ∨ ‖ **off** doing?
그러다니 그들은 대체 어쩔 셈이야?

축소형

❷ Where are you | ∨ ‖ **off** doing? 그러다니 넌 대체 어쩔 셈이야?

to + ~ing
pr+~ing

(N : 사람)

❷ He | got ‖ **to** reminiscing.
그는 | 시작했다 ‖ 회상을

PART 7
절 / clause

catch....do....finish....involve....mix....paint....rid....do....go....work....accept....go....help....keep....know....like....meet....pose....prepare....quit....see....stay....take....famous....ready....straight....wealthy....off....about+~ing....for+~ing....of+~ing....out of+~ing....off on+~ing....to+~ing....around to+~ing....down to+~ing....away with+~ing....close to+~ing....what....in+where....on+what....along on+what....to+where....on with+what....

catch   ~ed절 [비정형절]

(N′ : 신체)

❸[❷]   I | got | [caught **in the storm** last night].
나는 | 되었다 | [지난밤 폭풍우에 갇히게].(TEPS)

❺[❸]   She | got ‖ her fingers | [**caught** in the door].
그녀는 | 했다 ‖ 그녀의 손가락이 | [문에 끼게 되도록].

자동형

❸[❸]   His fingers | got | [caught in the door].
그녀의 손가락이 [문에 끼게] 되었다.

기본형

❶[❸]   Her fingers | were [caught in the door].
그녀의 손가락이 | [문에 끼어] 있었다.

단문형

❸   Her fingers | were caught | in the door.   그녀의 손가락이 | 끼였다 | 문에.

---

do   ~ed절 [비정형절]

(N′ : 사물)

❺[❸]   I | 'll never get ‖ this paper | [**done** on time].
나는 [제 때에 이 논문을 마치지] 못할 거야.

❺[❸]   Can you | get ‖ the work | [**done** in time]?
너는 [일을 기한 내에 끝내게] 될 수 있겠니?

❺[❸]   Let's [| get ‖ it | [**done** with it].
우리 [이제 그 일을 끝내도록] 하자.

기본형

❶[❸] This paper | never will be [**done** <u>on</u> time].
이 논문은 [제 때에 마쳐지지] 못할 거야.

단문형

❸ This paper | never will be **done** | <u>on</u> time.
이 논문은 | 마쳐지지 못할 거야 | 제 때에.

finish   ~ed절 [비정형절]

(N' : 사물)

[❺[❷]] I want [| to get ‖ my work | [**finished** <u>by</u> noon]].
난 [내일을 [정오까지 해치워지게] 하고] 싶다.

기본형

❶[❷] My work | is [to be **finished** <u>by</u> noon].
내 일은 [정오까지 해치워지게] 되어있다.

단문형

❷ My work | is to be **finished** ‖ <u>by</u> noon.
내 일은 | 해치워지게 되어있다 ‖ 정오까지.

involve   ~ed절 [비정형절]

(N : 사람)

❸[❷] Be careful and | don't get [| involved | **with the**

wrong kind of people].
조심해서 [나쁜 사람들에게 휘말리지 말도록] 해라.

❸[❷]   No one serving as a soldier | gets |[**involved** in civilian affairs]
군사로 다니는 자는 자기 생활에 얽매이는 자가 없나니.(2Ti2:4)

기본형

❶[❷]   No one | is [**involved** in an examination].
누구도 | [시험에 관여되지] 않았다.

단문형

❷ No one | is **involved** ∥ in an examination.
누구도 | 관여되지 않았다 ∥ 그런 시험에.

수식어

〈❷〉 Let's get everyone 〈 | **involved** ∥ in the project 〉 to attend.
〈 이 사업에 관련된 〉 모든 사람들을 참석시키도록 합시다.

m i x   ~ed절 [비정형절]

(N' : 사람)

❺[❸]   He | got ∥ himself [| **mixed · up** | with the wrong people].   그는 | 되었다 ∥ 자신이 [나쁜 사람들과 연루되게].

자동형

❸[❸]   He | got [| **mixed · up** | with the wrong people].
그는 | 되었다 ∥ 자신이 [나쁜 사람들과 연루되게].

기본형

❶[❸] He | was [| **mixed** · up | with the wrong people].
그는 | [나쁜 사람들과 연루되어] 있었다.

단문형

❸ He | was **mixed** • up | with the wrong people.
그는 | 연루되어 있었다 | 나쁜 사람들과.

paint
~ed절 [비정형절]

(N' : 사물)

❺[❸] I | got ‖ my house | [**painted** green].
난 | 했다 ‖ 집을 | [녹색으로 칠해지게]. *칠했다.

기본형

❶[❸] My house | was [**painted** green].   내 집은 | [녹색으로 칠해져] 있었다.

단문형

❸ My house | was **painted** | green.   내 집은 | 칠해져 있었다 | 녹색으로.

rid
~ed절 [비정형절]

(N : 사람)

❸[❷] | Get | [**rid** of it]. | 해라 | [그것을 버리도록].

기본형

❶[❷] They | are [**rid** <u>of</u> a lot of debt]. 그들은 [거액의 빚을 덜고] 있었다.

단문형

❷ They | are rid ‖ <u>of</u> a lot of debt. 그들은 | 덜었다 ‖ 거액의 빚을.

d o   ~ing절 [비정형절]

(N : 사람)

❺[❷] I | can't get ‖ <u>over</u> Mary | [**doing** such a thing].
나는 [마리가 그런 일을 하는 것이] 놀랍다.

기본형

❶[❷] Mary | is [**doing** such a thing] 마리가 | [그런 일을 하고] 있다.

단문형

❷ Mary | is doing ‖ such a thing. 마리가 | 하고 있다 ‖ 그런 일을.

g o   ~ing절 [비정형절]

(N,N' : 사람)

❸[❸] | Get | [**going** <u>on</u> your homework].
숙제를 시작해라.

[❸[❸]] They wanted [| to get [**going** <u>on</u> the construction of the house]].

그들은 [[그 집의 건축을 시작 (계속)] 하기를] 원했다.

❺[❸]   You | got ‖ me |[**going** crazy].
너는 나를 [미쳐지게] 해.

기본형

❶[❸]   I | am [**going** crazy].   난 | [미쳐가고] 있다.

단문형

❸ I | am going | crazy.   난 | 가고 있다 | 미쳐.

work   ~ing절 [비정형절]

(N : 사람)

❸[❸]   I | have to get |[**working** on this] {or} I'll miss my deadline.
나는 | 해야 한다 |[이 문제를 해결] {아니면} 마감일을 놓친다.

[❸[❸]]   Let's [| get |[**working** on this problem]].
우리 [이 문제를 해결하도록] 하자.

기본형

❶[❸]   I | must be |[**working** on this].   나는 | [이 문제에 대해 일해야] 한다.

단문형

❸ I | must be **working** | on this.   나는 | 일해야 한다 | 이 문제에 대해.

accept

to~절 [비정형절]

(N' : 사람)

⑤[❷]   I | will get ‖ him |[**to accept** the offer].
나는 | (설득) 하겠다 ‖ 그가 | [그 제안을].

기본형

❶[❷]   He | was [**to accept** the offer].   그는 | [그 제안을 수락해야] 했다.

단문형

❷   He | was **to accept** ‖ the offer.   그는 | 수락해야 했다 ‖ 그 제안을.

go

to~절 [비정형절]

(N : 사람)

❸[❷]   I | never got |[**to go** to college].
난 결국 [대학에는 못 가고] 말았다.

⑤[❸]   We |'ll get | him ‖[**to go** with us].
우리는 | 설득할 거야 ‖ 그를 | [우리와 같이 가게].

⑥[❸]   I |'ll get | ready ‖[**to go** out].
나는 [외출] 준비해야겠네.

[⑥[❷]]   It's time [| to get | ready ‖[**to go** to work]].
[일하러 갈 준비를 해야 할] 시간이다.

기본형

❶[❸]   He | is [**to go** with us].   그는 | [우리와 같이 가게] 되어있다.

단문형

❸ He | is to go | with us.　　그는 | 가게 되어있다 | 우리와 같이.

help
to~절 [비정형절]

(N' : 사람)

❺[❷]　I | 'll get ‖ a friend | [**to help** me].
　　　　나는 | 해야 겠다 ‖ 친구에게 | [날 도와달라고].

❺[❷]　| Get ‖ him | [**to help** you].
　　　　그에게 [널 도와 달라고] 해라.

기본형

❶[❷]　He | is [to help you].　　그는 | [널 도우게 되어] 있다.

단문형

❷ He | is to help ‖ you.　　그는 | 도우게 되어 있어 ‖ 널.

keep
to~절 [비정형절]

(N' : 사람)

❺[❸]　| Get ‖ her | [**to keep** quiet].
　　　　| 해라 ‖ 저 여자 | [조용히 하도록].

기본형

❶[❸]　She | is [to keep quiet].　　그녀는 | [조용히 해야] 한다.

단문형

❸ She | is to keep | quiet.   그녀는 | 해야 한다 | 조용히.

know
to~절 [비정형절]

(N : 사람)

❸[❷] I | 'll get | [**to know** him].
나는 | 될 거야 | [그를 알게].

❸[❷] How did you | get | [**to know** him].
어떻게 해서 넌 [그를 알게] 되었니?

❸[❷] I | got | [**to know** her] after a couple of beers.
맥주를 몇 잔 함께 마시는 동안 [그녀를 알게] 되었다.

❸[❷] It takes a year just [to get | [**to know** Korea].
[한국을 알게 되려면] 1년은 걸린다.

❸[❺] I | 'd like to get | [**to know** you better].
나는 [너에 관하여 좀 더 알고] 싶다.

[❸[❺]] I hope [I | 'll get | [**to know** him better in time]].
나는 [조만간 그를 잘 알게 되기를] 바래.

기본형

❶[❷] I | am [to know him].   나는 | [그를 알게 되어] 있어.

단문형

❷ I | am to know ‖ him.   나는 | 알게 되어 있어 ‖ 그를.

like
to~절 [비정형절]

(N : 사람)

❸[❷] I | got |[**to like** him].
나는 | 되었다 |[그를 좋아하게].

❸[❷] You |'ll get |[**to like** him].
넌 | 될 거야 |[그를 좋아하게].

기본형

❶[❷] I | was [**to like** him].   나는 |[그를 좋아하게 되어] 있다.

단문형

❷ I | was **to like** ‖ him.   나는 | 좋아하게 되어 있다 ‖ 그를.

---

meet
to~절 [비정형절]

(N,N' : 사람)

❸[❷] You | get |[**to meet** a lot of interesting people].
넌 | 가능하게 된다 |[많은 흥미있는 사람들과 만남이].

❺[❷] I | got ‖ him |[**to meet** her].
난 | 했다 ‖ 그를 |[그녀를 만나게].

기본형

❶[❷] You | are [**to meet** him].   넌 |[그를 만나게 되어] 있다.

단문형

❷ You | are **to meet** ‖ him.   넌 | 만나게 되어 있다 ‖ 그를.

pose

to~절 [비정형절]

(N′ : 사람)

❺[❷]　How did you | get ‖ him |[**to pose** for this picture]?
어떻게 해 넌 그를 [이 사진을 위해 포즈 잡도록] 했니?

기본형

❶[❷]　He | is [to pose for this picture].
그는 | [이 사진을 위해 포즈 잡게 되어] 있다.

단문형

❷　He | is **to pose** ‖ for this picture.　그는 | 포즈 잡게 되어 있다 ‖ 이 사진을 위해.

prepare

to~절 [비정형절]

(N′ : 사람)

❺[❷]　I |'ll get ‖ him |[**to prepare** for our journey].
나는 | 할거야 ‖ 그에게 |[우리의 여행 준비를 하게].

기본형

❶[❷]　He | is [**to prepare** for our journey].
그는 | [우리의 여행준비를 하게 되어] 있다.

quit
to~절 [비정형절]

(N' : 사람)

❺[❷] I | got ‖ him |[**to quit** drinking].
나는 그를 설득하여 [술을 끊게] 했다.

기본형

❶[❷] He | was [**to quit** drinking]. 그는 |[술을 끊게 되어] 있었다.

see
to~절 [비정형절]

(N : 사람)

❸[❷] Do you | get |[**to see** him often]?
당신은 [그를 종종 볼 수] 있었나요?

❸[❷] If you | get |[**to see** him], say hello for me.
네가 [그를 만나게] 되면 안부 전해 주게.

[❸[❷]] I was lucky [| to get |[**to see** the new play]].
나는 [새 연극을 볼 수 있게 되어] 다행이었다.

기본형

❶[❷] I | was [**to see** the new play]. 나는 [새 연극을 보게 되어] 있었다.

stay
to~절 [비정형절]

(N : 사람)

❸[❸] They | get |[**to stay** in nice hotels].
그들은 [좋은 호텔에 머물 수 있게] 되었다.

❸[❼]   Can you | get |[**to stay** <u>out</u> late]?
넌 [밖에 오래 머물 수 있게] 되었니? *허락받았니?

기본형

❶[❷]   They | were [**to stay** <u>in</u> nice hotels].
그들은 | [좋은 호텔에 머물게 되어] 있었다.

take   to~절 [비정형절]

(N' : 사람)

[❺[❷]]   Colleagues had tried [| to get ‖ her |[**to take** a vacation]].   동료들은 [[그녀가 휴가를 가도록] 그녀에게 설득하려고] 시도했다.

기본형

❶[❷]   She | was [**to take** a vacation].   그녀는 | [휴가를 가게 되어] 있었다.

famous   non-verb [비정형절]

(N : 사람)

[❸[❶]]   How did she | get |[to be so **famous**]?
어떻게 그녀가 | 되었어요 | [그토록 유명하게]?

단문형

❶   How is she | so **famous**?   어떻게 그녀가 | 그토록 유명하죠?

ready
non-verb [비정형절]

(N' : 사람)

[❺[❸]] They went into a Samaritan village [to get ‖ things ‖ [**ready** for him]].
저희가 [예수를 위하여 예비하려고] 사마리아의 한 촌에 들어갔더니 (Lk9:52)

단문형

❸ Things | are **ready** | for him.   일들이 | 준비되었다 | 그를 위해.

straight
non-verb [비정형절]

(N' : 사물)

[❺[❷]] Let me [| get ‖ this | [**straight** with you]].
나에게 [이점이 너와 확실히 되도록] 해줘.

단문형

❷ This | is **straight** ‖ with you.   이 점은 | 확실해 ‖ 너와.

wealthy
non-verb [비정형절]

(N : 사람)

[❸[❶]] No one could figure out [how he | got | [to be so **wealthy**]].   아무도 [그가 어떻게 그런 부자가 되었는지] 알 수 없었다.

단문형

❶ How was he | so **wealthy**?   어떻게 그가 그토록 부자이었는지?

off
소사절 [비정형절]

(N : 사람)

❸[❶]　Now I | got | [be **off**].
　　　이제 나는 | 되겠어요 | [가야].(ECD824)

단문형

❶　I | am off.　　　　　　　　난 | 떠난다.

about+~ing
pr+~ing [비정형절]

(N′ : 사물)

❺[❷]　He | got ∥ seconds thought | **about** [**going** to Egypt].
　　　그는 | 했다 ∥ 재고 | [이집트에 가는 것]에 대해.

기본형

❶[❷]　Seconds thought | was **about** [going to Egypt].
　　　두 번째 생각은 | [이집트에 가는 것]에 대한 것이었다.

for+~ing
pr+~ing [비정형절]

(N : 사람)

❹[❶]　He | got ∥ a scolding ∥ **for** [**being** late].
　　　그는 | 들었다 ∥ 꾸중을 ∥ [늦었다]고.

❹[❷]　They | get ∥ 400 dollars a week ∥ **for** [**teaching** English].

그들은 | 받는다 ‖ 1주일에 400불 ‖ [영어를 가르치고].

❹[❷] You | 'll get ‖ it ‖ **for** [**breaking** that vase]!
넌 | 받을 것이다 ‖ 벌을 ‖ [그 병을 깨뜨린] 대가로.

of + ~ing   pr+~ing [비정형절]

(N : 사람)

❻[❷] I | 'm getting | tired ‖ **of** [**drinking** too much every day]. 나 | 되고 있다 | 질리게 ‖ [매일 많은 술을 마시는 것에].

축소형

❷[❷] I | 'm tired ‖ **of** [**drinking** too much every day].
난 | 질렸다 ‖ [매일 많은 술을 마시는 것에].

out of + ~ing   pr+~ing [비정형절]

(N : 사람)

❸[❷] She | always got | **out of** [**washing** the dishes].
그녀는 항상 [설거지 하는 책임에서] 피한다.

[❸[❷]] She tried [| to get | **out of** [**going** to the party]].
그녀는 [[파티에 가지] 않게 되려고] 시도했다.

[[❸[❷]]] It's amazing [what people will do [| to get | **out of** [**paying** taxes]]].
[[[사람들이 [세금 납부를] 면하기 위해] 하는 짓은] 놀랍다.

기본형

❶[❷] She | was **out of** [**going** to the party]. 그녀는 | [파티에 가지] 않게 되었다.

(N′ : 사물)

❺[❷]   They | got ‖ a lot | **out of** [**dealing** with Indians].
그들은 | 벌게 되었다 ‖ 많이 | [인디언들과의 거래로].

❺[❷]   I | get ‖ a kick | **out of** [**playing** tennis].
나는 | 가진다 ‖ 즐거움을 ‖ [테니스 하는 것] 에서.(ECD1066)

❺[❸]   She | gets ‖ enormous pleasure | **out of** [**working** freelance].   그녀는 | 가진다 ‖ 큰 즐거움을 | [프리랜스로 일하면] 서.

기본형

❶[❷]   There is「 a kick | **out of** [playing tennis].
즐거움이 | [테니스 하는 것]에 있다.

---

off on+~ing   pr+~ing [비정형절]

(N : 사람)

❸[❺]   Dan | gets ‖ **off on** [**watching** girls in miniskirts].
단은 | 된다 ‖ [미니스커트 입은 여자를 보며] 짜릿함을 느끼게.(EID)

기본형

❶[❺]   He | is **off on** [watching girls in miniskirts].
그는 | [미니스커트 입은 여자를 보며] 짜릿함을 느낀다.

---

to+~ing   pr+~ing [비정형절]

(N : 사람)

❷[❷]   When he | gets ‖ **to** [**telling** stories about the war], there's no stopping him.

그가 [전쟁에 대해 이야기를] 시작하면 아무도 그를 중단시킬 수 없다.

❻[❶] I | got | used ‖ **to** [**being short**] many years ago.
나는 | 졌다 | 익숙해 ‖ [궁핍에] 오래 전에.

❻[❷] I | can't get | used ‖ **to** [**wearing glasses**].
나는 | 지지 못한다 | 익숙해 ‖ [안경 쓰는 것에].

축소형

❷[❶] I | was used ‖ **to** [**being short**] many years ago.
나는 | 익숙했다 ‖ [궁핍에] 오래 전에.

around to+~ing   pr+~ing [비정형절]

(N : 사람)

❷[❷] I | finally got ‖ **around to** [**writing** to my parents].
나는 | 드디어 되었다 ‖ [내 부모에게 편지를 쓰게] 끔.(3HP452)

down to+~ing   pr+~ing [비정형절]

(N : 사람)

❷[❷] I | must get | **down to** [**repairing** the house].
나는 | 해야 해 | 진짜로 [집수리를].

away with+~ing   pr+~ing [비정형절]

(N : 사람)

❸[❷] He | got | **away with** [**cheating** on an exam].

그는 | 되었다 | [시험에 컨닝하고] 빠져나가게. (TEPS)

[대화]

A : Adam | got **away with** [**cheating** in an exam].
아담이 부정행위를 했지만 그냥 넘어갔대.

B : Again? He's so devious.
또 정말 교활한 녀석이야. (TEPS)

*on exam 이나 in exam 둘 다 가능한 표현임.

기본형

❶[❷] He | was away with [cheating in an exam].
그는 | [시험에 컨닝하고] 빠져나갔다.

참고

close to+ ~ing
pr+~ing [비정형절]

(N : 사람)

❸[❷] I|'m getting | **close to** [**finishing** this chapter].
난 | 되고 있다 | 거의 [이 과를 거의 다 끝내게].

기본형

❶[❷] I|'m close to [finishing this chapter].
난 | 거의 [이 과를 다 끝냈다].

what
wh- [정형절]

(N : 사람)

❷[❷]   I | got ‖[**what** I wanted].
난 | 얻었다 ‖[내가 원하던 것을].

❷[❷]   I | did not get ‖[**what** I deserved].
내게 무익하였었구나.(Job33:27)

❷[❷]   You | will get ‖[**what** is coming to you].
너는 | 받게 될 거야 ‖[마땅히 받아야 할 것을].

❷[❺]   Then who | will get ‖[**what** you have prepared for yourself]?   그러면 [네 예비한 것이] 뉘 것이 되겠느냐?(Lk12:20)

in+where
pr+wh- [정형절]

(N : 사람)

❹[❸]   I | never got ‖ my say ‖ **in** [**where** we're going on vacation this year].
나는 [올해 우리가 어디에 휴가를 떠날 것인지] 의견을 말할 수 없었어.

on+what
pr+wh- [정형절]

(N' : 사물)

[❹[❷]]   I want you [I | to get ‖ a handle ‖ **on** [**what** our competitors are planing to do next fall]].
나는 네가 [경쟁회사의 내년 가을 계획에 대처하기 위한 방안을 세우기를] 원해.

along on+what   pr+wh- [정형절]

(N : 사람)

❸[❷]   We | can't get | **along on** [**what** you earn].
우리는 [네가 버는 돈 가지고는] 살 수 없어.(NQE)

기본형

❶[❺] Our Joe Klein | will be **along on** [**what** that means for the Democratic race for the presidency].
우리의 조 클라인은 | [민주당 대통령 경선을 위해 의미있는 것]에 따를 것이다.

to+where   pr+wh- [정형절]

(N : 조직)

[❹[❸]] The UN was supposed [| to be getting ‖ aid ‖ **to** [**where** it was most needed]].
유엔은 [[원조가 가장 필요한 곳에] 원조를 보내기로] 되어있다.

on with+what   pr+wh- [정형절]

(N : 사람)

❸[❷] | Get | **on with** [**what** you're doing now].
[지금 하고 있는 것을] 계속하세요.

기본형

❶[❷] | **On with** [**what** you're doing now].   [지금 하고 있는 것을] 계속하세요.

[예문출처]

■ 성경

New International Version Bible : 별도 표시 없는 경우
King James Version Bible(KJ)

■ 소설·희곡

J. K. Rowling, Harry Porter(HP) 1~7권, Scholastic, 1997~2007
J. R. R. Tolkien, The Hobbit(Ho), Balatine, 1937
J. R. R. Tolkien, The Lord of the Rings(LR) 1~3권, Balatine, 1965
C. S. Lewis, The Chronicles of Narnia(CN), 1982
Boris Pasternak, Doctor Zhivago(Zhi), Phanteon, 1957
Shakespeare, Hamlet(Ham), Macbeth(McB) Romeo and Juliet(R&J), Julius Caesar(JC)
　　　이상 조은문화사
Shakespeare, The Taming of the Shrewd(TOS), A Midsummer Night's Dream(MND),
　　　Twelfth Night(TN), The Tempest(Temp) 이상 A Signet Classic
Shakespeare, Antony and Cleopatra(A&C), As You Like It(AYLI) Henry V(HV), King
　　　Lear(KL), Much Ado About Nothing (MAAN) 이상 Penguin Books
John Grisham, The Bretheren(Bre), Dell Publishing, 1996
John Grisham, The Client(Cli), Dell Publishing, 1993
John Grisham, The Firm(Fm), Dell Publishing, 1991
John Grisham, The Partner(Pt), Dell Publishing, 1997
John Grisham, The Pelican Brief(Pel), Dell Publishing, 1992
John Grisham, The Runaway Jury(RJ), Dell Publishing, 1996
John Grisham, The Summons(Sum), Dell Publishing, 1989
John Grisham, A Time To Kill(TTK), Dell Publishing, 1989
John Grisham, The Testament(Tes), Dell Publishing, 1999
Tom Clancy,　The Cardinal of the Kremlin(CaKr), Berkley 1989
Tom Clancy,　Clear and Present Danger(CPD), Berkley 1989
Tom Clancy,　Debt of Honor(DOH),　Berkley 1989
Tom Clancy,　Executive Orders(EXO),　Berkley 1989
Tom Clancy,　Hunt for Red October(HBO), Berkley 1986
Tom Clancy,　Rainbow Six(RbS), Berkley 1999

Tom Clancy,   Red Storm Rising(RSR), Berkley 1987
Tom Clancy,   Patriot Games(PatG), Berkley 1987
Dean Kunts,   Strange Highways(StH), Warner, 1995
Dean Kunts,   Fear Nothing(FN), Bantam Book 1998
Stephen King, Insomnia(Ins), Signet, 1984
Larry Bond,   Red Phoenix(RP) Warner 1989
Michael Crichton, Spehere(Sph), Balentine Books, 1987
Lewis Carroll, Alice in Wonderland(AIW)
John Darton, Neanderthal(Nea), St Martin's 1996
Dan Brown,   The Da Vinci Code(DVC), Doubleday 2003
James Lincoln Collier, My Brother Sam is dead(MBS),Scholastic
Lewis Carrol, Alice's Adventures in Wonderland(AAW), BlackCat
Charles Dickens, A Christmas Carol(CC), Cideb, 1996

■ 교재

ScottForesman ESL(ESL) 1~8
Longman Classics, King Arthur(KA), (주)문진당, 1987
Antoine De Saint-Exupery, THe Little Prince(TLP), 조은문화
Samuel Beckett, Waiting for Godot(WG), 시사영어사
Pearl Buck, Letters From Peiking(LFP), 시사영어사
Miguel De Cervantes, Don Quixote(DQ), 시사영어사
Charles Dickens, Oliver Twist(OT), 시사영어사
Charles Dickens, A Tale of Two Stories(TTS), 시사영어사
George Eliot, Silas Marner(SM), 시사영어사
O. Henry, O. Henry's Short Stories(OHS), 시사영어사
Stefan Martin, Aesop's Fables(AF), 시사영어사
Sir Walter Scott, Ivanhoe(Iva), 시사영어사
Harriet Stowe, Uncle Tom's Cabin(UTC), 시사영어사
Jonathan Swift, Gullivers's Travels Lilliput(GTL), 시사영어사
Jonathan Swift, Gullivers's Travels Brodbdingnag(GTB), 시사영어사
Mark Twain,   The Adventures of Tom Sawyer(ATS), 시사영어사
Mark Twain,   The Prince and the Pauper(P&P), 시사영어사
Oscar Wilde,   The Happy Prince(THP), 시사영어사

Tennessee Williams, A Streetcar Named Desire(SND)시사영어사
시사영어사, The Arabian Nights(AN), 1998
시사영어사, Selected Modern English Poems(MEP) 1986
시사영어사, AFKN Drama(FND) 1~10, 1986
서현주외 2, 유아영어(BE), 한울림, 2001
Jacquelin Reinach, Sweet Pickles Series(SPS), 1978
서울대, 조선일보사, 각 TEPS 문제집

■ 사전

Collins Cobuild English Dictionary(CED), 2000
Oxford Advanced Learner's Dictionary(OAD), 2000
Oxfords Dictionary of Phrasal Verbs(OPV) 1993
Longman Language Activator(LLA), 1995
NTC's Dictionary of Phrasal Verbs(NPV) 1993
Webster's New Collegiate Dictionary(WCD), 1995
College Lighthouse English-Japanese Dictionary(EJD), 2000
DONG-A'S Prime English-Korean Dictionary(DED), 2000
Si-sa Elite English-Korean Dictionary(SED), 1990
Tom Cho, English Ediom Dictionary(EID), 넥서스, 2001
C. Barnard, English Phrasal Verb Dictionary(EPV), 넥서스, 2004
박양우, 실용영어회화사전(ECD), 민중서관, 2003

■ 문법서

The Oxfords Dictionary of English Grammar(ODEG), 1994
Longman Grammar of Spoken and Written English(LGSW),1999
Longman English Grammar(LEG), 1992
니시무라, 영어는 전치사(NME), 금하출판, 1994
네오퀘스트, 동사를 알면 죽은 영어도 살린다(NQE), 김영사, 2000
이기동, 영어전치사 연구(EPL), 교문사, 2005
이준호, 6개의 마법동사로 끝내는 영어(SMV) 넥서스 2005

■ 시사잡지

Newsweek(NW) Financial Times(FT) CNN News(CNN)

■ 스크린잉글리시(예술미디어), 스크린영어(스크린), 캡션스터디(오월상사), 시네마잉글리시(홍진기획), 스크린플레이(스크린영어사), 영화로 배우는 영어(언어세상)에서 인용한 것

Ben-Hur(BH), Casablanca(Cas), Die Hard with a Vengeance (DHV), Disclosure(Dis), The Distinguished Gentleman(DG), Gone with the Wind(GWW), Good Will Hunting(GWH), Guarding Tess(GT), For Whom the Bell Tolls(FWBT), Forrest Gump(FG), Free Willy(FW), The Great Gastby(GG), It Could Happen to You(IHTY), Independence Day(Ind), Kramer v. Kramer(K&K), Legends of the Fall(LOF), Murder in the First Degree(MFD), Nobody's Fool(NF), Out of Africa(OOA), The Pelican Brief(PB), Roman Holiday(RH), The Shogun(Sho) Shawshank Redemption(SR), Speed(Spe), Star Wars(SW), Ten Commandments(TC), The Truman Show(TS), With Honors(WH), While You are Sleeping(WYS)

■ 인용례 표시

Ge19:9   Bible Genesis 19장 9절에서 인용함을 나타냄.
1HP5   Harry Porter 1권 5면을 나타냄.
2LR5   The Lord of the Rings 2권 5면을 나타냄.
나머지 인용 약자는 위 ( ) 부분 참조.
기타 사전류, 학술서의 예문은 출처표시를 별도로 하지 않음.